南京历史文化名人系列丛书

陆探微传

邵磊 郦英南 施慧 编著

南京市文化广电新闻出版局
南京市博物总馆 编

凤凰出版社

图书在版编目（CIP）数据

陆探微传 / 邵磊，郦英南，施慧编著. -- 南京 : 凤凰出版社，2018.4
（南京历史文化名人系列丛书）
ISBN 978-7-5506-2768-0

Ⅰ. ①陆… Ⅱ. ①邵… ②郦… ③施… Ⅲ. ①陆探微（?-约485）—传记 Ⅳ. ①K825.72

中国版本图书馆CIP数据核字(2018)第072497号

书　　名	陆探微传
编　　著	邵　磊　郦英南　施　慧
责任编辑	尤丹丹
装帧设计	徐　慧
出版发行	凤凰出版社(原江苏古籍出版社) 发行部电话025-83223462
出版社地址	南京市中央路165号,邮编:210009
出版社网址	http://www.fhcbs.com
照　　排	南京凯建图文制作有限公司
印　　刷	江苏凤凰通达印刷有限公司 南京市六合区冶山镇,邮编:211523
开　　本	718×1005毫米　1/16
印　　张	8.25
字　　数	123千字
版　　次	2018年4月第1版　2018年4月第1次印刷
标准书号	ISBN 978-7-5506-2768-0
定　　价	68.00元

(本书凡印装错误可向承印厂调换,电话:025-57572508)

《南京历史文化名人系列丛书》编委会

序　言

南京古称金陵、建邺、建康等，是素负盛名的“六朝古都，十朝都会”，与北京、西安、洛阳并称为中国四大古都。南京在历史文化上的独特性，体现在曾多次承担过中华民族救亡图存、走向复兴的历史责任与历史使命。在历史文化的视野下，把南京置于国家民族的历史长河中，探寻这座城市对于中华文明所起到的作用，会发现在中国历史上，没有哪一座城市像南京这样，与中华民族的命运如此紧密地联系在一起。

2500多年的建城史，450年的建都史，使得南京在历朝历代都涌现出许许多多为中华数千年文明作出过重要贡献的杰出人物，他们广泛地活跃在政治、经济、军事、文化、艺术、宗教、科技、曲艺等方面。在这些“立德、立功、立言”的杰出人物的身上，集中体现着中华民族精神的标记，印证着历史人文精神的深邃。虽然这些历史身影已随着逝去的时代而远去，但他们留下的物质或非物质的印记，作为后来者追慕先贤、思索人生、承继前行的路标，仍然是南京乃至中华民族弥足珍贵的文化资源和极其宝贵的精神财富，是中国历史文化脉络的重要组成部分，更是加快南京历史文化名城建设不可或缺的要素。

2014年初夏，南京市政府根据“十二五”规划文化建设中提出的传承创新、推动文化大发展大繁荣的要求，出于充分挖掘、利用南京在历史名人资源方面的优势，彰显南京独特的历史名人文化，进而发挥文化引导社会、教育人民、推动发展的功能，增强民族凝聚力和创造力的目的，要求南京市文化广电新闻出版局及其下属单位在调查研究的基础上，提出切实可行的南京历史文化名人展示工作的实施方案。

客观、科学地界定南京历史文化名人，按不同的时代、不同的系统梳理罗列出来，不是一件容易的事。新成立的南京市博物总馆文化遗产保护研究所具体承担了起草《南京历史文化名人展示工作实施方案》的工作，在经过了近一个月披沙拣金般的梳理与遴选后，研究所的同志们按时交出了一份包括近400位待选的南京历史文化名人小传的征求意见稿。此后，在南京市委、市政府、市政协主要领导的关心与支持下，南京市文化广电新闻出版局就如何实施南京历史文化名人的弘扬与展示工作认真调研，反复斟酌，并召开了多次由市领导与南京大学、南京师范大学、南京博物院等专家学者参加的专题论证会，最终在集思广益达成的共识的基础上，甄选出首批共79位在南京乃至国内外都有一定历史地位、在彰显南京历史文化方面具有一定代表性的南京历史文化名人，并确定了在深入挖掘其内涵的基础上，采用雕塑创作、遗址与博物馆建设、遗迹修缮、深度挖掘出版、文艺创作等5种向全社会推介展示这些南京历史文化名人的方式。

这其中的深度挖掘出版方式，指的是在采撷、整理文献史料的基础上，编辑出版以南京历史文化名人为系列的名人传记或故事，适用于那些历史文献和地方志书中虽有明确记载，对南京历史文化发展也有较大影响，但其相关遗迹、遗存尚不确定的南京历史文化名人，藉以系统地呈现南京历史文化，进一步增强南京文化软实力与综合竞争力。采用深度挖掘出版方式予以宣传推介的南京历史文化名人的人选，包括三国时期的书法家皇象、佛经翻译家支谦，东晋时期的道教学者葛洪、美术家戴逵、名僧暨佛经翻译家法显，南朝刘宋时期的天文学家何承天、史学家范晔、文学家刘义庆，南齐的开国皇帝萧道成、画家陆探微、诗人谢朓、美术评论家谢赫，南朝齐梁时期的文学批评家钟嵘，唐代诗人王昌龄，明代文学家宋濂、学者焦竑、书法篆刻家文彭，明末清初的竹刻艺人濮仲谦，清代文学家方苞，近代建筑设计师亨利·墨菲共计20人。该项工作由南京市文化广电新闻出版局负责。

考虑到社会影响并兼顾大多数人的接受程度，南京市文化广电新闻出版局与南京市博物总馆的主要领导认为《南京历史文化名人系列丛书》的编撰和出版工作应尽可能达到如下几点要求。一是实事求是，科学取舍。要运用历史唯物主义观点和方法收集资料，去粗取精，去伪存真，力求内容的史料性、思想性和资料性的统一。在尊重历史真实的前提下，对涉及政治、民族、宗教等重大敏感问题，在史料取舍与叙述上，谨慎科学处理。二是主题突出，详略得当。在具体的文字内容上，应包括上述各南京历史文化名人的生平事迹、主要成就及其对后世的影响，并尽可能将每个人物的成就及其与南京之间的关系或联系，在书中予以浓墨重彩地展示。三是深入浅出，通俗易懂。丛书的篇幅不宜过长，避免阳春白雪、曲高和寡，编撰行文应言之有物，但在行文中仍然务需严谨、规范，所使用的材料要求有来源、有依据，注重和突出面向大众的宣传、推介效果，争取较强的可读性，力求做到雅俗共赏。四是图文并茂，引人入胜。作为一部介绍历史名人的图书，在诸方面要凸显其文化特点和艺术魅力，每本书宜在行文中都配附一定数量、与书籍内容相关的图片，做到图文并茂，雅俗共赏。

这样一套面向社会大众的普及性质的读物，自然不宜高头讲章般的满是庙堂之气，但学术层面的严谨和求实，也都必须遵循而丝毫马虎不得，因而对于编写工作的要求其实是相当高的，所以寻找合适的作者自然也就成了让人头疼不已的事。在这一方面，南京市博物总馆下辖的文化遗产保护研究所为之付出了艰苦的努力。

我们编纂这套《南京历史文化名人系列丛书》不仅仅是为了让来者见贤思齐，心追范式，更主要是为了让后人通过读史而能自省，深入发掘、总结、提炼中国历史文化中的优秀精神，推动社会主义精神文明和物质文明协调发展，古为今用，洋为中用，把中华民族的优秀传统转变为现实中有生命力、有影响力的东西，从而进一步增强民族自信心和凝聚力，为促进中国特色社会主义文化建设的健康发展，激发全民族文化创新创造活力，不断铸就中华文化新辉煌，尽一份绵薄之力。

鉴于《南京历史文化名人系列丛书》所涉部分历史人物可资参阅的史料极其有限，加之编写时间匆促，本书难免存在这样或那样的缺憾。在此诚恳希望专家读者多加指教，以便有机会再作修改与补充。

2018年3月

目　录

前　言

东晋时期的顾恺之，刘宋至南齐时期的陆探微，萧梁时期的张僧繇，夙被画史誉为“六朝三杰”。唐代张彦远在《历代名画记》中，最先将陆探微与顾恺之、张僧繇、吴道子以“顾、陆、张、吴”并称，而明代杨慎所著《画品》中“画家四祖”条，亦记载“画家以顾、陆、张、吴为四祖”。陆探微作为一代画圣，其秀骨清像的独特艺术风格乃至所蕴含的美学思想，对于六朝时期绘画艺术的发展和艺术风格的转变，影响至深。

魏晋南北朝，是社会动荡与民族融合的历史时期：纷乱割据的历史现实造就的南北分裂，使得华夏正朔的中原文化，伴随着“晋室南迁”而流播长江流域；宗教的兴起与各类思潮的盛行，与彼时的艺术形式与艺术风格产生了千丝万缕的联系，使这一时期的绘画实践、艺术理论、美学思想融汇交合、齐头并进。作为“六朝三杰”之一的陆探微，正是这一时期艺术实践与艺术理论的集大成者。

美术史界对于“六朝三杰”的研究，历来于顾恺之和张僧繇两家着墨较多，而对陆探微的研究相对还比较薄弱。这是因为见诸历代画论的陆探微画作甚至连摹本迄今都无一留存，所以对于陆探微的探究，也只能是从历代画论、画史的记载中，探究其绘画风格与美学思想。

南朝谢赫的《画品》、唐代张彦远的《历代名画记》、宋代郭若虚的《图画见闻志》等，都对陆探微的绘画作品和艺术风格推崇备至。近年来，林树中先生对于陆探微富有开创性的考证与研究极具功力，其切入角度与研究方法令人耳目一新，在陆探微绘画作品流传情况、陆探微与顾恺之的师承关系、《洛神赋图》作者辨析、陆探微作品的艺术风格等方面，都取得了令人瞩目的成果。在此基础上，也有学者从陆探微绘画蕴含的美学思想入手，进行了有益的探讨[1]。

在总结前人研究成果的基础上，结合文献资料与考古发现，对陆探微的相关研究做进一步的总结与梳理，仍是很有必要的。基于此，本书从如下几部分入手：

第一部分，着眼于陆探微的生卒年与身世。对陆探微的生卒年进行相应的研究考证，并从江东陆氏家族的兴衰出发，分析陆探微的身世、社会地位及其家庭情况，进而结合陆探微生平事迹的史料，分析陆探微与南朝其他画家之间的关系。

第二部分，着眼于陆探微的生平事迹。通过对陆探微所处时代的界定，对影响其创作的社会环境进行分析，并对其生平事迹与社会关系进行梳理。

第三部分，着眼于陆探微的绘画风格。对历代著录的陆探微作品进行梳理，结合历代对于陆探微艺术成就的评价，探讨陆探微的艺术风格。

第四部分，着眼于陆探微的美学思想。以魏晋时期的艺术思潮的展现为前提，分析陆探微的艺术成就与影响。

第五部分，基于陆探微暨其他南朝画家的画作无一留存，故而将我们对陆探微时代的两种美术遗存的思考收录于此，以求美术爱好者在感受、领略5至6世纪中国南方精美瑰丽的造型艺术的同时，亦能别具只眼地切入理性的视角。

① 杨莹：《陆探微绘画美学思想研究》，四川师范大学硕士学位论文，2010年3月。

第一章　陆探微生卒年与家族世系

第一节　陆探微生卒年代

关于陆探微的生平，历来文献记载较少，但仍可以通过历代画论对其画作的创作时间、绘画人物的所处年代以及社会关系三方面着手，来推断其生卒年。《历代名画记》将陆探微列于南朝刘宋时期，而林树中先生在其《陆探微生平与艺术风格》一文中，进行了具体的分析，认为陆探微的生年为公元412年前后，卒年为公元486年。[①]林树中先生的论断是较为符合陆探微诸事迹的时间节点与画作的创作年代的，因此提出的具体生卒年，是比较有说服力的。今结合其研究成果，并在此基础上，对陆探微的生卒年问题作进一步的考察辨析。

一、陆探微生年考

关于陆探微生年的记载，大量文献推断其生于东晋义熙八年壬子，即公元412年，而对其生年的判断，主要是从其好友兼学生的顾宝先的相关史料入手。

顾宝先，出自江东豪族的吴郡顾氏家族，顾宝先的父亲顾琛在刘宋时期的司空刘诞身边任职，据《宋书·顾琛传》：

> "元嘉二十七年，索虏南至瓜步，权假（顾）琛建威将军。寻除东海王祎冠军司马，行会稽郡事。随王诞代祎，复为诞安东司马……后

① 林树中：《南朝画圣陆探微年表》，《南通大学学报社会科学版》，2006年第3期，第95页。

废帝元徽三年，卒，时年八十六。”[①]

顾琛既于刘宋元徽三年（公元475年）以86岁之龄去世，则其出生应为公元390年，也就是东晋太元十五年。《顾琛传》中又记载道：

“三年，（刘）诞据广陵反，遣客陆延稔赍书板，（顾）琛为征南将军，牧为安东将军，琛子前尚书郎（顾）宝素为谘议参军，宝素弟前司空参军（顾）宝先为从事中郎，牧兄前吴郡丞济为冠军将军，从弟前司空主簿晏为谘议参军。”

刘宋孝武帝孝建元年（公元454年），刘诞改封竟陵王。那么刘诞于广陵谋反的时间应为刘宋大明三年（公元459年）。最初，顾宝先为刘诞的司空参军。而据《顾琛传》后附关于顾宝先的记载，此时顾宝先为从事中郎：

“（顾）宝先大明中为尚书水部郎。”

南朝时期因为战乱频繁，对于人口的需求很大。政府为了增加人口数量，鼓励早婚多育，因此这一时期的人口结婚年龄普遍较低。据薛瑞泽《魏晋南北朝婚龄考》一文分析：三国时期男子婚龄大致在15—17岁，三国时期女子婚龄平均在17岁左右，早婚婚龄约在13岁。[②]而谢宝富《北朝婚龄考》一文认为：在现实生活中，早婚、晚婚现象皆有，但据计量分析，北朝男子婚龄一般在15岁，女子婚龄约为13—14岁，而实际生活中低于或高于这个年龄成婚的现象是普遍存在的。[③]梁满仓在《论魏晋南北朝的早婚》一文中则认为：其时婚龄中轴线即男子婚龄平均约为15—16岁，女子约为13—14岁，其他婚龄则依此中轴线而上下波动。[④]基于上述对魏晋南北朝婚龄的考察，顾琛儿子的顾宝先有可能是在顾琛15岁以后出生，而且考虑到顾宝先身为顾琛次子的因素，生于顾琛17—23岁左右，也就是义熙三年至九年（公元407—413年）左右。

又据谢赫《古画品录》记载：

---

① （梁）沈约：《宋书》，中华书局，1975年版，第2076页。

② 薛瑞泽：《魏晋南北朝婚龄考》，《许昌师专学报》，1993年第2期，第21页。

③ 谢宝富：《北朝婚龄考》，《中国史研究》，1998年第1期，第71页。

④ 梁满仓：《论魏晋南北朝的早婚》，《历史教学问题》，1990年第2期，第11页。

"顾宝先全法陆探微，事事宗禀，方之袁蒨，可谓小巫。"[1]

顾宝先同陆探微是亦师亦友的关系，而陆探微作为顾宝先的师父，年长于顾宝先也是理固宜然。

唐代张彦远《历代名画记》卷二《叙师资传授南北时代》中记载道：

"陆探微师于顾恺之。"[2]

顾恺之生于东晋永和四年（公元348年），卒于东晋义熙五年（公元409年）。如果陆探微师从顾恺之，其年龄理当小于顾恺之。依据常理，顾恺之如果是面授陆探微绘画技艺，则可推知陆探微应当是生于公元409年之前，这意味着陆探微出生不久即师事顾恺之，但这种可能性其实微乎其微。换言之，如果陆探微师从顾恺之的方式，只是对顾恺之生前画作的传移模写，乃至对其绘画技法和技巧进行学习，那么陆探微的生年就有可能晚至公元409年之后，大约在409—413年。

陆探微生有两子，长子为陆绥，次子为陆肃（弘肃）。唐代张彦远《历代名画记》同样记载了其子的作品与年代。其中，长子陆绥的作品有《朝臣像》《王晏萧寅像》《周盘龙》。依据陆绥的作品创作年代，可知陆绥的活动时期是从刘宋中期至南齐末年，即公元433—501年左右。[3]次子陆肃，依照《续画品》中记载：

"右（陆）绥之弟，早藉趋庭之教，未尽敦阅之勤；虽所得不多，犹有名家之法，方效轮扁，甘苦难投。"[4]

这一段品评与其相应的活动，皆与同时代的著名画家张僧繇等同论，由此可知，陆探微次子的画作皆当系于刘宋后期至齐末梁初，大致时间为公元438—515年。如果比照陆探微15—20岁时得长子陆绥，20—25岁时得次子陆肃，可推知陆探微的生年应该在公元412年前后、即东晋义熙八年左右。综合上述三方面的分析，陆探微的生年应该是在公元412年左右。林树中先生在《陆探微生平与艺术风格》一文中也认为：姑以（顾）琛

① （南齐）谢赫：《古画品录》，学苑音像出版社，2004年版，第4页。
② （唐）张彦远：《历代名画记·卷二·宋》，人民出版社，1963年版，第13页。
③ 林树中：《南朝画圣陆探微年表》，《南通大学学报》，2006年第3期，第95页。
④ （陈）姚最：《续画品录》，人民美术出版社，1959年版，第33页。

23岁时(417年)顾宝先出生,陆探微是他的老师和挚友,暂定比他长5岁,则应当生于412年前后。[①]林树中先生的这一论断与前文分析的结果接近,是比较有说服力的。

二、陆探微卒年考

唐李延寿所著《南史·宗测传》,曾记载南齐永明三年(公元485年)侍中王秀之因钦慕宗测:

"乃令陆探微画其形与己相对。"[②]

这是迄今所见关于陆探微绘画作品最后的一则记载。《历代名画记》中提到:陆探微在宋明帝时期于左右"常在侍从",而陆探微于刘宋末年完成的画作有《孔子像》《十弟子像》《阿难维摩像》《蝉雀图》《猕猴图》,直至入齐以后,陆探微在画坛仍然享有至高荣誉。《历代名画记》卷六记载:

"惟南齐高帝集名画曰《十二人》,自陆至范惟贤,亦未见其迹。"[③]

据此可见,陆探微在南齐时期仍然占据着画坛魁首的地位。供职南齐政权的这一段时期,陆探微依旧绘制有《齐高帝像》《谢超宗像》等,至于其最后的绘画活动,应当就是永明三年绘《宗测像》。

《南齐书》还记载了与陆探微同官的毛惠秀为齐武帝作画一事:

"永明中待诏秘阁,世祖将北伐,命惠秀画《汉武北伐图》,中书郎王融监掌其事,融好功名!秀又善图,画成,帝极珍贵,置琅琊台上,每披玩焉。"[④]

鉴于陆探微创作的最后一幅画的纪年为永明三年,躬事数朝的陆探微,此后即销声匿迹,再参诸《南齐书》中关于永明中毛惠秀受命为齐武帝绘制《汉武北伐图》之事,则陆探微极可能即卒于永明三年之后,故其时毛惠秀已经接替陆探微成为首席宫廷画家。另据《历代名画记》中记载,《宋

---

① 林树中:《陆探微生平与艺术风格》,《南通大学学报》,2005年第1期,第119页。

② (唐)李延寿:《南史·卷七十五》,中华书局,1974年版,第1856页。

③ (唐)张彦远:《历代名画记·卷六·宋》,人民出版社,1963年版,第133页。

④ (梁)萧子显:《南齐书·卷四十七》,中华书局,1972年版,第516页。

书》中原有《陆探微传》，而《宋书》作者沈约于公元487年奉敕撰写该书。史书的传记，必定要待人死后才能为之立传。故而林树中先生在《陆探微生平与艺术风格》一文中，依据其最后画作的创作实践，及毛惠秀永明年间接替其"待诏秘阁"的记载，乃至沈约于公元487年奉敕撰写原有《陆探微传》的《宋书》，而认定陆探微卒于公元486年，不过，如果稳妥地估算的话，应该也不能排除陆探微永明三年（公元485年）绘《宗测像》后未久即卒故的可能性。因此，陆探微的卒年当系于永明三年至四年，即公元485至486年。

第二节　陆探微与陆氏家族

一、南朝陆氏家族历史与特点

《新唐书》卷七三下《宰相世系表三下》记载：

"陆氏出自妫姓。田完裔孙齐宣王少子通……发儿子：万、皋。……万生烈，字伯元，吴令，豫章都尉，既卒，吴人思之，迎其丧，葬于胥屏亭，子孙遂为吴郡吴县人。"[①]

这说明陆氏家族早在西汉时期就迁徙定居于吴郡，并渐渐发展成为江东地区首屈一指的豪族。而据《新唐书》卷一九九《儒林中·柳冲传》记载：

"东南则为吴姓，朱、张、顾、陆为大。"[②]

可见陆氏家族是江南大族世家中的重要一支。

《历代名画记》卷六《陆探微传》记载：

"陆探微，上品上，吴人也。"[③]

陆探微固为吴郡人，但是否为东南吴姓大族陆氏家族的一员？其社

---

① （宋）欧阳修、宋祁：《新唐书》，中华书局，1975年版，第2943页。
② （宋）欧阳修、宋祁：《新唐书》，中华书局，1975年版，第5676页。
③ （唐）张彦远：《历代名画记·卷六·宋》，人民出版社，1963年版，第128页。

会地位、文化教育、思想观念、所任官职等是否与之所处的家族环境、教育、制度相关？凡此种种，之前鲜有涉及，因而值得做进一步的分析研究。

陆氏家族自两汉至南朝，数百年间屹立于江东而不倒。两汉是陆氏家族发展积累的时期，这一时期的陆氏家族，自身的家族文化、家学培养、门第风气、政治性格都在逐渐形成。东汉以后，陆氏家族在政治上逐渐有所作为，出仕为官的陆氏族人相当多；且陆氏家族成员的气节与能力，逐渐造就了陆氏一族的忠烈门风。

孙吴是吴郡陆氏家族崛起与兴盛的阶段，其中最有代表性的两人为陆逊与陆抗。陆逊与陆抗曾经先后掌管孙吴的军政大权，而这种态势一直延续到末帝孙皓时期。同时，陆氏家族积极培养子弟步入仕途，为官执政，以至于在孙皓统治时期，陆氏家族在朝中竟然达到“二相五侯，将军十余人”。

孙吴政权于公元280年被西晋所灭，江东地区为西晋王朝所统一。以永嘉南渡为时间节点，随着晋室南迁，生活在北方地区的侨姓士族大量涌入江东地区，并占据统治地位，其中最典型的就是在东晋时期轮流秉政的王、庾、桓、谢四大家族。进入江东地区的侨姓士族凭借政治上的优势，不断打压以陆氏家族等为代表的吴地土著。根据上文的推断，陆探微出生于公元412年前后，这一时期虽然已经到了东晋统治的末期，但整体上还是保持了士族门阀政治的格局与态势。南朝以降，陆氏家族由于在东晋时期遭受到的政治排挤与压迫，其影响力已难复孙吴时期之盛。

刘宋时期，皇权政治开始逐渐取代两晋以来的“门阀政治”，这使得原本就受到压制的陆氏家族，面临空前的挑战。皇权对士族政治集团的打压，使陆氏家族在这一时期更加远离政治中心。从刘宋时期开始，陆氏家族为了维持其家族的门第声望，在家族成员的婚媾暨家族与家族的交往方面采取了一系列积极的措施：如在家族成员的婚姻上，陆氏家族为了保持住家族的地位，坚持与江东地区的其他土著士族进行联姻，并排斥与外来的侨姓士族通婚。这使得陆氏家族得以保持其独立的家族文化，以及其所维护的儒学传统。同时，通婚世代维持在士族阶层，客观上也使得在刘宋时期政治地位下降的陆氏家族，仍与其他家族建立起互相依附、维持的社会体系。

陆氏家族结交的对象,多是与其联姻且拥有深厚文化造诣的江东世家大族。陆氏家族在这一时期逐渐不再迷恋于政治上的交伐,而是努力把自身转变为文化士族。也正因如此,陆氏家族在南朝文化艺术发展的洪流中优游自如,不仅取得了突出成就,在南朝文化史中也占据了重要的一席之地[①]。

门阀政治制度逐渐趋于消亡的趋势和皇权统治需求下对门阀士族的打压,决定了这一时期的陆氏家族已经逐渐远离了政治中心,但凭借着几百年来发展的根基,陆氏家族依然与南朝政治保持着千丝万缕的关系。魏晋以来,虽然已经实行了九品中正制,但仍然与士族的地位相挂钩,这就是起家官制度:士族门第的高低决定了起家官的大小,起家官的大小则直接与九品中正制的中正品评联系。《通典》卷三一《职官十三》记载:

"宋氏一用晋制。"[②]

也就是说,尽管晋、宋是前后继起的两个王朝,但是晋官的任用制度,伴随着起家官制度,一并传于刘宋,并在南朝时期一直相袭沿用。由于陆氏家族此际已被排斥于政治中心之外,所以陆氏家族成员所任官职都比较低,而且较为清闲,且陆氏家族成员所任的官职往往历经数朝而无迁擢。理想与现实的落差,对陆氏家族成员的心态产生了微妙的影响,而这对于促使陆氏家族在身份上的转型,无疑是有很大影响的[③]。陆氏家族的教育,以固守儒学传统为基础,与此同时适应社会文化变迁,包容并举,传承有序,且秉承了刻苦精进的学风。正是这样的积淀与发展,使得陆氏家族的文化影响力遍及江东。

二、陆氏家族与陆探微的身世

之前的一些研究,普遍认为陆探微出身低微,地位不高。有关这一点,林树中先生在《陆探微生平与艺术风格》一文中,则认为"陆探微虽家庭出身未见官宦之家记载,当也不会是寒门素族。或者也属苏州的陆姓

① 郭凤娟:《南朝吴郡陆氏研究》,山东大学硕士学位论文,2008年,第37页。
② (唐)杜佑:《通典·卷三十一·职官十三》,文渊阁藏《四库全书》第603册,第37页。
③ 罗宗强:《魏晋南北朝文学思想史》,中华书局,1996年版,第179页。

巨族”。出身于东晋末年的陆探微，是否属于陆氏家族中的一员，因为其个人传记的散佚已无从查考，但通过对吴郡陆氏家族的考察，我们不难发现陆探微与吴郡陆氏家族之间其实存在着千丝万缕的关系。

如果陆探微出自江东陆氏家族，那么陆氏家族的家族文化对陆探微影响是巨大的。王永平先生在对吴郡陆氏之家风与家学的研究中，曾提到：

> “陆氏自汉晋以来就以忠义之风闻名，‘陆忠’更成为其家风的主要特征，陆氏族人所受的教育是儒学及其传统道德思想，这使其家族在此后的发展历程中遭受了一些严重的挫折。陆氏人物多直质，不善变通，功名意识太强，缺乏柔性，这使他们在复杂的政治斗争中常常遭受打击。”[①]

陆氏家族自身所坚持的家族文化，使得陆氏家族在宋齐时期多明哲保身，尤乐致力于文学、艺术等。陆氏家族比较固守儒学传统，并形成以儒学为主的教育理念，同时包容万象地学习社会文化的新变化，这应该也同陆探微的绘画风格有着直接的关联；且陆氏家族刻苦钻研的学风，也应是促使陆探微不断探索绘画新境界的动因之一。

虽然刘宋时期开始提拔任用庶族寒门，但施行的九品中正制度仍然看重个人的出身与地位，如果陆探微出身寒门，那么他似乎不大可能历侍两朝帝室而巍然不动。陆探微的挚友、也是其学生的顾宝先，同样出于吴郡望族顾氏，按照《历代职官沿革史》中的官职品阶，结合顾宝先的仕途履历可以发现：顾宝先最早任刘诞的司空参军，大明中任司徒左曹掾，随后升为尚书水部郎，其历任的官职从从七品到六品，且“顾宝先在明帝时与陆探微同为侍从，执画艺”[②]，顾宝先作为注重门第、对平素的结交对象夙有严格要求的东吴大族子弟，其交游既深、共事多年且执以师礼的陆探微，地位与出身应当都与顾宝先自身相近。其次，陆探微所任秘阁，是皇室收藏书籍名画的机构，《历代名画记》中记载汉武帝刘彻“创置秘阁，以聚图书”。这个机构也一直延续到南朝时期，陆探微可以置身于此，进行长时间的、以皇权贵族为服务对象的艺术创作，其出身应当也不会低。再

① 王永平：《六朝江东世族之家风家学研究》，凤凰出版社，2003年版，第67页。

② 林树中：《南朝画圣陆探微年表》，《南通大学学报》，2006年第5期，第96页。

者，陆氏家族在南朝时期所任官职多趋向于清闲文官，且“世族顾虑身家之念极重，而尽忠君国之义渐轻”[1]。陆探微以卓绝的艺术水准安然侍宋齐两朝帝室，故“保族固宠”[2]的士族观念应当也对其影响颇深。陆探微的两个儿子陆绥、陆肃年纪轻轻，就随乃父出入宫廷，侍左右从事绘画创作，一方面是陆探微在绘画方面的杰出成就使然，另一方面，也应当与其自身出自名门望族、以品阶而入仕有关。

① 苏绍兴：《两晋南朝的士族·论“江左士族无功臣”》，北京大学馆藏复印资料，第23—24页。
② 郭凤娟：《南朝吴郡陆氏研究》，同前，第49页。

第二章　陆探微生平事略

对于陆探微所处历史时期的社会形态、文化概况、艺术发展态势、时代思潮等的分析，既有助于讨论陆探微的生平事迹，也可以藉此较为清晰地勾画出其相应的社会关系。

第一节　陆探微所处的历史阶段

陆探微所处年代，用一句话来概括就是："纷乱分裂的历史现实和文化风格的形成，使得时代的思潮与思想兴衰融合，宗教思想介入文化艺术之中，并形成了独具时代特征，且对后世影响深远的艺术特色"[①]。从三国、两晋到南北朝的短短400年，是破坏与建设并存，光明与黑暗同在，分裂与融合相继的历史时期：一方面，由于社会道德的沦丧，过去被尊崇的思想、观念、秩序、风俗被抛弃；另一方面，伴随佛、道二教的兴起，新思想与新思潮也如雨后春笋、层出不穷地涌现出来。

如果把南朝文化分为宋齐和梁陈前后两段，南朝宋齐两朝差不多跨越了整个5世纪，而陆探微的整个人生轨迹也纵越了公元5世纪初到公元5世纪末，亦即南朝的前段：陆探微出生伊始，是东晋统治的末期，而陆探微绘画创作的高峰时期，为刘宋"元嘉之治"至萧齐的齐高帝在位时期，这一时期的社会现实与时代思潮，文化风格与艺术特色，无不为陆探微的艺术创作和创新提供了理想的物质基础与思想基础。

① 田青：《中华艺术通史》，北京师范大学出版社，2006年版，第2页。

一、社会现实与文化风格

陆探微的绘画艺术，是时代文化与艺术精神的缩影。陆探微所处的虽是一个南北分裂的历史时期，但经历了东晋时期的发展，社会、经济、文化等方面都取得了一定的成果。刘宋元嘉年间的“元嘉之治”，对东晋以来的弊政，进行了进一步改革和清理：取消了侨置郡县、禁止豪强士族封占山泽，减轻杂税徭役，这些都有利于生产发展和增加税收收入。这一时期，尤其重视农业生产，劝课农桑，兴修水利，政治相对清明，社会秩序较好，阶级矛盾缓和，生产继续发展。[①]同时南北对峙关系的相对稳定，为发展生产提供了良好的条件，在经历数年的休养生息之后，刘宋元嘉的繁荣时代到来：

> “氓庶蕃息，奉上供徭，止于岁赋，晨出莫归，自事而已。守宰之职，以六期为断，虽没世不徙，未及曩时，而民有所系，吏无苟得。家给人足，即事虽难，转死沟渠，于时可免。凡百户之乡，有市之邑，歌谣舞蹈，触处成群，盖宋世之极盛也。”[②]

虽然“元嘉之治”只有30年的时间，但却是陆探微艺术创作最为重要的阶段，是奠定其绘画风格与艺术特色最为重要的时期，这些客观物质条件为陆探微的绘画事业奠定了良好的创作基础。

由于北朝的凌逼，在陆探微所处的时期，南朝的统治区域实质上是不断收缩的，军事实力同样也在不断减弱。但从宋齐两朝开始，由于南朝政治、文化的发展，促使南方地区开始形成具有代表性的江南地区文明，使得南方的文化风格潜移默化之间，与北方文化风格形成了不同的面貌。魏晋时代是思想自由解放的时代，其时思想中心不在于社会而在于个人，不在于形质而在于精神，其时的人生观与哲理思辨均呈现出崭新的面貌。[③]刘宋时期的文化：一方面继承了魏晋时期崇尚个性、思想解放的潮流；另一方面，伴随着南北交流的增加，北方士族的大量南下，文化开始呈

① 许辉、李天石：《六朝文化概论》，南京出版社，2004年版，第29页。
② （梁）沈约：《宋书·良吏传》，中华书局，1974年版，第2261页。
③ 汤用彤：《魏晋玄学论稿》，上海古籍出版社，2001年版，第38页。

现出兼容并包的局面,形成了具有浓厚南方地域色彩的南中国文化。宋齐两朝,贵族统治阶级的政治斗争虽然异常激烈,但是其崇文尚义的趋势却一以贯之。刘宋政权中的宋文帝刘义隆、宋孝武帝刘骏、前废帝刘子业以及刘宋的诸多诸侯王都"颇爱文义",南齐诸帝更是有过之而无不及,齐高帝萧道成、齐武帝萧赜、齐明帝萧鸾以及诸多诸侯王都"博涉文史"。统治阶级对文化的爱好,对于宋齐时期文化的发展,起到了积极的推动作用。士族阶层则将其重心转向清谈、文化等方面,伴随着寒门庶人的兴起,文化逐渐开始互相融合与吸收,促进了宋齐时期文化事业的发展。

宋齐文化以魏晋文化为基础,形成了自己特有的风格,为南朝后期文化奠定了基础。文化的具体展现形式在这一时期开始呈现出井喷的态势:书法、绘画、雕塑为代表的视觉艺术,佛教、道教、儒教文化的传播与融合,文学艺术理论、诗文、民歌的发展,都取得了长足进步。这一时期文化风格,主要体现在三方面:一是思想解放与百家争鸣,宋齐是儒、佛、道、玄互相吸收融合的起始阶段,哲学、经学、史学、宗教等意识形态领域皆充满蓬勃生气;二是继往开来、革旧布新,介于秦汉与隋唐之间的南朝文化,宋齐时期的文化是对秦汉以来文化的继承与革新,也为后继的隋唐文化的兴起起到了不可忽视的作用;三是民族融合、中外交流,这一时期的文化是开放性的文化,南北之间、各民族之间、各地区之间广泛的文化交流令人瞩目,相互融合、吸收。

陆探微所处的这一时期,有人曾认为是"黑暗时代",但这同样是一个自觉的时代,是秦汉专制主义被削弱的时代,是儒术不再独尊的时代,特别重要的是,是一个"个性解放"的时代。总之,这是社会风气大变化进程中的一个追求新内容、新形式的新型文化酝酿成立的时代。[①]而艺术创作的规律表明:艺术是表现文化的一种形式,是传播文化的工具与手段。作为一位从事艺术创作的艺术家,势必受到相应时代文化风格的影响,也会通过作品展现出这一时代的文化特点。

① 罗宗真:《魏晋南北朝文化》,学林出版社,2000年版,第5页。

二、时代思潮与艺术特色

陆探微所处的刘宋时期，应当是艺术风格转型的一个重要时期，时代思潮与艺术特色，对于陆探微的创作风格，有举足轻重的作用。

伴随着两汉政权的灭亡，儒学在魏晋时期逐渐走向衰落，取而代之的是玄学思想的兴起，清谈之风在社会之中盛行。在这一思潮的引领下，纯文学、纯艺术、纯美学的理论开始产生，并进而影响了当时的文人与艺术家。魏晋文人对自然的热爱，对人与自然关系的体悟，引发了多种艺术形式的滥觞。儒学衰落所造成的思想真空，玄学兴盛所造成的浪漫气氛，乱世中对道德的普遍忽视，对才能及个人魅力的推崇，极大地推动了文学艺术的发展，为艺术的独立发展创造了难得的环境和条件。[①]魏晋以来，各类宗教的兴起，对当时的文化艺术，同样影响深远。传统儒家思想及传统礼教，与佛教、道教、玄学的互相碰撞中，相互接受，一同营造了个性张扬、超凡脱俗的思想氛围。

儒家思想认为，美存在于个体与社会的关系之中，要实现人与社会的和谐，必须以礼、乐、诗加以熏陶和启蒙，只有具有理想的人格道德的人，才能称其为美。儒家肯定了人与社会的关系，也肯定了人在艺术与美过程中的重要性。艺术与审美是一种社会现象，离开了二者追求美是行不通的，审美与艺术活动的根本任务在于陶冶人的情操，达到人与社会的和谐发展。道家思想认为美在人与自然的关系中，大自然无限和谐，一切大美尽在自然，所以人的一切活动，都不应该受到任何功利因素的支配，只有人与自然天人合一才是最高境界。自然美是审美领域中的一个重要方面，道家抓住了自然美的本质，从更深层次认识了美，这是超越实用和功利层面，并进而上升为自由境界的体现。玄学思想，则是从主体自身的“身”与“心”的关系中，去找寻美的存在。它认为外在世界的一切都是飘忽不定的，唯有人自身心灵的感受，才是真实可靠的。虽然玄学思想讲究精神境界的超凡脱俗，但同时也理智地明白，要使肉身脱离尘世是不可能的，所以它强调现世修行，只要身心合一就能够摆脱一切苦难、善恶、生

① 田青：《中华艺术通史》，同前，第14页。

死、祸福的困扰，了却烦恼的根源。

道教的主题是自然，儒家的核心是社会，而玄学的根本是心灵。这三者所思考的自然、社会和心灵，刚好是存在者整体的三个方面。[①]这决定了当时的社会思潮，既受到了魏晋以来玄学思想遗风的影响，也受到了多种思想于一体的新理念冲击，时代思潮处于变化和调整的过程之中，并在总体上呈现出两种态势：一种是回归自然，另一种是发现内心。

作为艺术转变的重要时期，这与人发现自然，回归自然，是有着必然联系的。地域自然环境对于艺术的影响十分重要：一方面，风土气候影响作家的思想情感；另一方面，自然景物影响到作家选用的题材。[②]魏晋南北朝时期各类思想所崇尚的自然主题，使得人们以清雅脱俗的心态面对自然，神游于自然。这时的自然是真真切切的自然，艺术家将结合了多种思想的创作精神，融入到艺术创作中，并将自然作为创作对象进行构思与创作。人在向外回归自然、追求清雅意境的同时，也注重向内找寻与发现自我，开始对精神本体的审美意义有所追求。魏晋以来各类风气互相融合，耳濡目染之间，人开始以主体思考自我，在向外寻求自然的同时也开始逐渐肯定自我，发现自我。

汉末魏晋南北朝是中国政治上最混乱、社会上最痛苦的时代，然而却是精神史上极自由、极解放，也是最富于智慧、最浓于热情的一个时代，因此也就是最富有艺术精神的一个时代。[③]本来，有自给自足的庄园经济，有世代沿袭不会变更的社会地位与政治特权，门阀士族们的心思、眼界、兴趣由环境转向内心，由社会转向自然，由经学转向艺术，由客观外物转向主体存在，也并不奇怪。[④]但是这种思潮的转变主体是人，无论向外回归自然，向内发现内心，都意味着这一时期人发现自我，体验自我，已经进入到了一个新的阶段。具体到艺术家本人，在进行相应的艺术创作时，必将以人为主体，置于艺术审美的意境与艺术创作的客观载体之中，创造一个以人的主观艺术想象为审美主体的客观艺术境界。艺术所展现的本来面

---

① 王蓉蓉：《三大学术思想对中国传统绘画的影响》，福建师范大学硕士论文，2008年第1页。

② 杨莹：《陆探微绘画美学思想研究》，四川师范大学，2010年版，第13页。

③ 宗白华：《美学散步》，上海人民出版社，1981年版，第208页。

④ 李泽厚：《美的历程》，广西师范大学出版社，2001年版，第129页。

貌，对于传统人物绘画，以及不同类型的艺术形式都产生了冲击与影响，也使得这一时期人物画的面貌开始呈现出秀骨清像、自然脱俗的美感。这种趋势与思潮，也在时刻影响着当时的绘画风格与绘画审美取向，使绘画更多的倾向于归于自然，纯然质朴，清雅脱俗。

宋齐两代，是个性张扬与艺术独立相并行的时期，同时也是旧的意识形态与社会结构全面崩溃，新的制度结构与意识形态探索、转变、建立的时期。纵观中国历史，没有一个时代如此注重人的品貌，也没有一个时代如此明目张胆地推崇人的美丽和自由。这是人明确和了解自身独立以及人格独立的重要标志。人格的独立，对艺术的独立有着极为重要的促进作用。陆探微所处的时期，是艺术走向独立的时期，这种独立是全方位、多门类的。从诗歌到音乐，从绘画到雕塑，从书法到舞蹈，可以毫不夸张地说，中国艺术的诸多门类，此时都突然长成了大人，解脱束缚，英姿勃发，昂首挺胸地走向了世界。[①]绘画这一艺术形式的发展，进入到了一个崭新的时代，山水画的出现，为中国的绘画艺术带来了强烈的独立意识。南北朝时代的绘画理论与绘画实践，使绘画不再仅仅是画工、画匠们的事，文人不但把思想哲理和文化修养带进了绘画领域，而且极大开拓了中国画的视野，提高了中国画的整体艺术性和思想性。[②]此时的绘画流派，开始逐渐在艺术独立与创新意识的潮流中形成两大分支：细腻笔触描绘的工笔画与“重神轻形”的写意画。

作为“画家四祖”之一的陆探微，其主要的绘画作品及其包含的美学思想，也势必受到这一时期艺术独立思潮的冲击与影响。虽然陆探微所创作的人物画较多，但其绘画手法与风格，是在对前人总结与发展基础上的创新：不仅追求人物的内在神韵与风骨清奇，也追求外形姿态描绘效果的自然逼真。求新求变的“创新”意识，追求新意，向外发现自然，向内构建自身的主体性。陆探微的绘画，追求个体的生命情感，并将“古”与“新”完美地融合于自身的画作之中，也在绘画领域促进了中国绘画艺术的觉醒与独立，为中国传统美学提供了新的命题，推动了中国绘画进入了一个崭新的时代。

① 田青：《中华艺术通史》，同前，第23页。

② 同上。

第二节　陆探微的主要事迹与师资传授关系

一、陆探微的主要生平事迹

如上文中考证陆探微生于公元412年左右是成立的，那么刘宋“元嘉之治”时期，即公元424—453年，正是其努力学习绘画技法，提升自身艺术能力的关键阶段。陆探微的主要生平事迹，因为《宋书》中原本记载陆探微的一卷已经散佚，这里仅以其生平主要画作与其相应的社会关系为节点，对其生平事迹进行相应的梳理。

生于东晋末、活跃于南朝宋齐的陆探微，是顾恺之绘画艺术的直接继承者。中国画“密体”的艺术风格始于卫协，经顾恺之的发扬，而完成于陆探微。卫协之师则是曹不兴，陆探微的绘画，是师承有序，一代代相继承和发展的。[①]顾恺之于公元409年卒，年62岁，4年后，东晋义熙九年（公元412年），陆探微出生。师从陆探微、与陆探微亦师亦友的顾宝先，于东晋义熙十三年出生，此时陆探微约为5岁。顾宝先因其父顾琛归于刘诞，并于元嘉三十年（公元453年）任刘诞的司空参军。刘宋孝武帝孝建元年（公元454年），刘诞被封为竟陵王，顾宝先与陆探微此时都作有《竟陵王像》，这说明陆探微与顾宝先很有可能都是依附于当时的竟陵王刘诞的。刘诞因谋反而在大明二年（公元458年）被孝武帝所杀，陆探微似乎并未受到相应的牵连，并且孝武帝在位时期（公元454—464年），陆探微的绘画作品反而相当丰富。这一时期陆探微的画作除了《宋孝武像》《孝武功臣》诸图之外，他还为在朝为官的诸位大臣如刘季之、江智渊等作有画像。可以想见，在孝武帝时期，如果陆探微的绘画技术，不是技艺高超、水平一流，是没有机会为朝廷忠臣、功臣，乃至帝王绘像的，这说明陆探微在这一时期很有可能已经进入宫廷成为宫廷画师。按照其412年左右出生进行推算，此时陆探微41—51岁，也正是其绘画技艺得到沉淀与发挥的黄金时期。

① 林树中：《陆探微生平与艺术风格》，同前，第123页。

刘宋大明八年（公元464年），孝武帝死。前废帝刘子业嗣，改元景和（公元465年）。前废帝刘子业在位一年即被杀，陆探微在这一时期主要的作品有《宋景和（废帝刘子业）像》《刘元景像》《沈庆之像》。宋明帝在位期间（公元465—472年），陆探微的艺术创作趋于成熟，逐渐走向巅峰。这一时期的陆探微52—60岁，按照《历代名画记》中记载，陆探微此时"常在侍从，丹青之妙，最推工者"。其主要作品为《徐爰像》《李献像》《王凯像》《周饰之像》《王莹像》《伏曼容像》《阮细夫像》《孙高丽像》《建安王像》《山阳王像》《巴陵王像》《豫章王像》《刘亮骟马图》。泰豫元年（公元472年），宋明帝死，此时刘宋政权走向末路。但元徽、昇明年间（公元473—479年），陆探微亦有诸多绘画作品，如元徽元年作《宋元徽像》，元徽二年作《道隆像》《宋桂阳王宠姬像》，昇明元年（公元477年）作《任侯伯像》。

在刘宋时期，除去为帝王、臣子绘制人物画像之外，陆探微还完成了许多其他类型的绘画：如花鸟类型的《蝉雀图》《猕猴图》；宗教类型的《阿难图》《维摩图》；风俗类型的《捣衣图》；历史人物类型的《孔子像》《十弟子像》等。

萧齐建元元年（公元479年），陆探微仍出入宫廷，此时陆探微约为67岁。从其所作的作品，及齐高帝萧道成命人编纂《名手画录》将陆探微置于首位，可以推断此时的陆探微应当仍是彼时画坛第一人。建元元年至建元四年（公元482年），陆探微创作了《齐高帝像》《谢宗齐像》。永明三年（公元485年），是陆探微所作绘画与事迹中可考的最晚记录，绘有《宗测像》。永明四年，陆探微卒，代替他的毛惠秀担任待诏秘阁。

二、陆探微师资传授关系

六朝时期的画家，在继承汉画传统的基础上，改变了原有的粗犷风格，开始向技巧化方向发展。[1]这一时期的许多画家，都与陆探微存在错综复杂的关系，对陆探微的师资传授关系进行相应的梳理，可以更好地理解这一时期的绘画流派与相应的师承关系，从侧面分析陆探微绘画风格的形成受到了哪些因素的影响。

① 李天石、许辉：《六朝文化概论》，同前，第261页。

表一　南朝画圣陆探微年表[①]

朝代	时间	帝王	年号	跨度	年份	人物	史事	出处
东晋	317—420	晋安帝	义熙	404—418	义熙五年(公元409年)	顾恺之	顾恺之卒	《晋书·顾恺之传》
					义熙八年(公元412年)	宗炳	刘裕辟为主薄，不起，是年三十八岁	《宋书·卷九十三》列传第五十三·隐逸
						陆探微	陆探微是年前后生	林树中先生《陆探微生平与艺术风格》
					义熙十四年(公元418年)	顾宝先	顾宝先是年生	由《宋书·顾琛传》记述顾宝先相应为官事宜，由此推得
宋	420—479	宋武帝	永初	420—422	永初元年(公元420年)	宗炳	征太子舍人，不就	《宋书·卷九十三》列传第五十三·隐逸
						顾景秀	武帝时画手	
		宋文帝	元嘉	424—453	元嘉元年(公元424年)	顾景秀	顾景秀作《宋文帝像》《王僧绰像》	
					元嘉二年(公元425年)	戴颙	征通直骑侍郎，不就	《宋书·卷九十三》列传第五十三·隐逸
						宗炳	征太子中舍人庶人，不应	《宋书·卷九十三》列传第五十三·隐逸
					元嘉十年(公元433年)	陆绥	陆绥生	据《历代名画记》著陆绥作品《王晏像》《周盘龙像》年代推断
						谢灵运	谢灵运卒	《宋书·卷六十七》列传第二十七卷
						谢惠连	谢惠连卒	《宋书·卷五十三》列传第十三
					元嘉十四年(公元437年)	袁倩	袁倩生	

① 依据林树中先生于《南通大学学报》2006年第3期刊载的《南朝画圣陆探微年表》一文整理而成。

续表

朝代	时间	帝王	年号	跨度	年份	人物	史事	出处
宋	420—479	宋文帝	元嘉	424—453	元嘉十五年(公元438年)	陆肃	陆肃生	据《续画品》的描述时间与其刘宋后期的艺术活动情况推断
					元嘉十六年(公元439年)	陆探微	作《江夏王像》	以《宋书》中江夏王刘义恭史传资料推得
					元嘉二十年(公元443年)	宗炳	宗炳卒	《宋书·卷五十三》列传第五十三
					元嘉二十一年(公元444年)	陆探微	作《建平王像》	一为建平王刘休度、另一为刘景素,是年从公元444—476年
					元嘉二十九年(公元452年)	陶弘景	陶弘景生	
					元嘉三十年(公元453年)	顾宝先	刘诞官司空、顾宝先为司空参军	《宋书·顾琛传》
						王微	王微卒	《宋书·第六十二卷》列传二十二
宋	420—479	宋孝武帝	孝建	454—456	孝建元年(公元454年)	陆探微	作《竟陵王像》	刘诞改封竟陵王,是年作像
							作《王翼之像》	《宋书·第七十九卷》列传三十九文五王
							作《孝武帝像》《孝武功臣像》	《宋书》中孝武帝刘骏,在位为公元454—464年
						顾宝先	作《竟陵王像》	刘诞改封竟陵王,是年作像
					孝建二年(公元455年)	陆探微	作《太宰像》	太宰刘义恭卒,年七十七
					孝建三年(公元456年)	陆探微	作《建安王、山阳王像》	刘宋孝武帝孝建三年封刘休祐为山阳王,泰始年改封晋平剌王;刘休仁卒于泰始七年(公元471年),是或作于此

续表

朝代	时间	帝王	年号	跨度	年份	人物	史事	出处
宋	420—479	宋孝武帝	孝建	454—456	孝建三年（公元456年）	陆探微	作《巴陵王像》	宋有巴陵王刘休若，卒于泰始七年（公元471年），孝建三年封为巴陵王，是或作于此
			大明	457—464	大明二年（公元458年）	顾景秀	艺术活跃期	
						顾宝先	司徒左曹掾	《宋书·顾琛传》大明中，顾宝先任司徒左曹掾
					大明三年（公元459年）	陆杲	陆杲生	
						顾宝先	顾宝先大明中为司徒左曹掾，为其艺术活跃期	《历代名画记》卷六：大明中有顾宝先，景秀岂得独擅也
						陆探微	作《沈昙庆醉像》	《宋书》记：刘宋时任尚书左丞
					大明四年（公元460年）	陆探微	作《天安寺惠明板像》	《宋书·夷蛮传·天竺迦毗黎国》记刘宋大明思念于中兴寺设斋
						北魏于平城造今云冈（16—20窟）		
					大明五年（公元461年）	陆探微	作《羊玄保像》	《宋书》加散骑常侍，特进
							作《豫章王像》	《宋书》中记，公元461—464年袁蒨作此刘宋豫章王刘子尚像，陆探微应同为是年作像
						袁蒨	作《豫章王像》《豫章王宴宾图》	

续表

朝代	时间	帝王	年号	跨度	年份	人物	史事	出处
宋	420—479	宋孝武帝	大明	457—464	大明七年（公元463年）	陆探微	作《江智渊、王悦像》《江智渊、刘季之像》	江智渊大明七年卒，年四十六，王悦宋明泰始中为黄门侍郎史中丞，卒于泰豫元年（公元472年）
					大明八年（公元464年）	陆探微	作《宋孝武像》《孝武功臣像》	是年，孝武帝刘骏死葬景宁陵
						南朝《竹林七贤与荣启期》砖印壁画应当成于此时		
		宋前废帝	景和	465	景和元年（公元465年）	陆探微	作《宋景和像》	废帝刘子业于公元464年闰五月继位，是年十一月被杀
		宋明帝	泰始	465—471	泰始元年（公元465年）	陆探微	作《柳元景像》	尚书令柳元景谋立江夏王义恭，是泄，皆死。废帝又杀沈庆之
						陆探微	作《徐爰、李献、王凯像》，《徐爰、周饰之像》	刘子业以爰为黄门侍郎，封吴平县子，宠待隆密，群臣莫二。明帝杀子业，爰外贬，应当为是年作此画
						陆探微	作《王莹像》	王莹字奉光，天监十三年（公元514年）年卒。在齐明帝时，莹有能名，应为是年作此画
						陆探微	作《伏曼容像》	《南史》卷七一《伏曼容传》记：“曼容素美风采，明帝恒以方嵇叔夜，使吴人陆探微画叔夜像以赐之。”
						顾宝先	作《泰始名臣像》《泰始勋臣像》	据《历代名画记》

续表

朝代	时间	帝王	年号	跨度	年份	人物	史事	出处
宋	420—479	宋明帝	泰始	465—471	泰始二年（公元466年）	陆探微	作《阮细夫像》	《宋书》卷九五。阮细夫与寿寂之等杀废帝刘子业，立明帝有大功，受明帝宠信。应于是年作
					泰始三年（公元467年）	江僧宝	江僧宝生	
					泰始四年（公元468年）	陆探微	作《孙高丽像》	《南齐书·王僧虔传》记："孙敻泰始中，官御史中丞。"应为是年作
					泰始七年（公元471年）	陆探微	作《建安、山阳王像》、《巴陵王像》	刘宋建安王刘休仁，卒于泰始七年（公元471年）。巴陵王刘休若，卒于泰始七年
			泰豫	472	泰豫元年（公元472年）	陆探微	作《豫章王像》	豫章王子尚，卒于泰始八年
						陆探微	作《刘亮骗马图》	刘亮，明帝泰豫元年服"仙药"卒
						是年四月，宋明帝死，子昱嗣		
		宋后废帝	元徽	473—476	元徽元年（公元473年）	陆探微	作《宋元徽像》	元徽为苍梧王刘昱年号，昱在位共五年
						袁蒨	作《苍梧图》	
					元徽二年（公元474年）	陆探微	作《王道隆像》	王道隆，元徽二年为桂阳王休范被杀，前此作《王道隆像》
							作《宋桂阳王宠姬像》	桂阳王休范反被杀，前此作《宋桂阳王宠姬像》

续表

朝代	时间	帝王	年号	跨度	年份	人物	史事	出处
宋	420—479	宋顺帝	昇明	477—479	昇明元年（公元477年）	陆探微	作《任侯伯》像	昇明元年，萧道成将代宋而立，沈攸之举兵兴讨。袁粲据石头应之。将帅任侯伯等与袁粲合，赴石头，为萧道成部将所杀
						顾宝先	作《诸渊、袁璨图》	
					昇明二年（公元478年）	袁蒨	作《维摩诘变》	刘宋时，袁蒨作《维摩诘变》一卷，突破顾恺之、陆探微之单人像形式
齐	479—502	齐高帝	建元	479—482	建元元年（公元479年）	陆绥	作《周盘龙像》	周盘龙与齐高帝建元元年
						陆探微	《画手名录》	齐高帝集名画曰十二人，自陆探微至范惟贤
						陆探微	作《齐高帝像》	齐高帝萧道成公元482年卒，其像或为其在位四年的时期内所作
						顾宝先	任司徒左曹椽	
						袁蒨	作《王抗棋图》	
						顾宝先	顾宝先卒于是年前后	
						陆绥	作《万晏、萧寅像》	王晏，入萧齐，得高帝宠幸，建元三年，有王晏献扇一事，齐明帝时谋废立，后被杀。应当作于此间
					建元四年（公元482年）	陆探微	作《谢超宗像》	高帝时，谢超宗为黄门侍郎
		齐武帝	永明	482—493	永明三年（公元485年）	陆探微	作《宗测像》	永明三年，侍中王秀之弥所钦慕，乃令陆探微画其形与己相对
					永明四年（公元486年）	陆探微	陆探微卒	
						毛惠秀	毛惠秀待诏秘阁	

三国至两晋见于史籍，或有画作记录于画史之中的画家，有30多人，其中尤以两晋时期为多，这一时期被著录的画家均是艺术造诣极高且影响深远的人物；进入南朝后，画坛的著名画家则风起云涌犹如雨后春笋。晋宋之际，画家的绘画实践与各种师授关系错综复杂，师承方式亦有发展、有继承。[①]从两晋到南朝，须臾之间，朝代更迭，但主要的绘画派系有以下几支。

一是由孙吴曹不兴、西晋卫协为始的一支，卫协之后又分为三小派：分别为以顾恺之、陆探微为代表的一派，张墨及弟子顾骏之的一派，荀勖及弟子史道硕与王微的一派。

二是由王廙为始的一支，之后又分为两小派：王氏家族中子弟王羲之、王献之的一派；晋明帝及后来师明帝的陆胤祖、刘绍祖、刘璞、丁光的一派。

除此之外，范宣为始，其弟子戴逵及其子戴勃、戴颙为一支的。以及宗炳为始，包括其孙宗测等人。

陆探微是曹不兴、卫协这一支系所尊崇的“密体”风格的继承者与弘扬者。“密体”的艺术风格始于卫协，中经顾恺之的发扬，而完成于陆探微。东晋时期的卫协，在当时已被称为“画圣”，《论画》中对于卫协的评价是这样的：

> “《七佛》及《夏殷》与《小列女》二皆卫协手，伟而有情势。《北风诗》亦卫手，巧密于情思，名作；然未离南中，南中像兴，即形布施之像，转不可同年而语矣。美丽之形，尺寸之制，阴阳之数，纤妙之迹，未所并贵。神仪在心而手称其目者，玄赏则不待喻，不然真绝夫人心之达，不可或以众论，执偏见以拟通者，亦必贵观于明识。夫学详此，思过半矣。”

卫协在创作时，已经开始注重神的表达与传递，较之前代有了很大的进步，变得精致细密，但其在形态的处理上还没有达到完备。卫协的继承者，则是在中国画史上有着举足轻重作用的顾恺之。顾恺之在绘画创作

① 田青：《中华艺术通史》，同前，第177页。

与绘画理论上，对前人进行了充分的总结，并提出了几个著名的论点："以形写神""传神阿堵""迁想妙得""临见妙裁""置陈布势""即形布势""骨法""用笔"等，而其核心即"形神论"[1]。顾恺之的绘画作品与绘画思想，在之后的一千多年时间里，成为中国绘画的精粹之所在。陆探微是顾恺之的直接继承者。陆探微的绘画成就，依照谢赫的品评，是为具备"六法"的第一品第一人。作为"密体"的集大成者，陆探微的画作，用笔遒劲有力，精利润媚，新奇妙绝，"笔迹劲利，如锥刀焉"，其纤毫细密的画风，不失生动。陆探微将顾恺之的绘画技法完备地继承了下来，并在肖形描绘、形体风度的表现上，都有了更进一步的发展。

陆探微的绘画技巧与绘画思想的继承者，有其子陆绥、陆肃，以及顾宝先、袁蒨、江僧宝等。其子陆绥，依据史料记载，绘画作品有《朝臣像》《王晏》《萧寅像》《周盘龙像》《立释迦像》。谢赫认为其绘画"体运遒举，风力顿挫，一点一拂，动笔新奇，简于瑗画，传世盖寡"。其次子陆肃，在《历代名画记》中亦被认为是中品上，位在毛稜之上、张僧繇之下，其绘画"早借庭训，虽所得不多，亦有家法"。可见陆探微的两子，是主要继承了陆探微的绘画风格的。其他弟子中，顾宝先作为其挚友，依照谢赫所云，其在绘画上也是全部师法陆探微的。顾宝先的作品，依照《历代名画记》所记，主要为《射雉图》《豫章王像》《泰始名臣像》《宋竟陵王像》《王翼之像》《天竺僧》《洛中车马》《斗鸡图》《越中风俗图》。袁蒨被认为是陆探微的高足，是其绘画技艺的最佳继承者。谢赫认为袁蒨"象人之妙，亚美前修，但守师法，不出新意，其于妇人，特为古拙"。其作品主要有《豫章王像》《王抗棋图》《会献图》《正声伎图》《御临轩图》《朝臣十二人图》《东晋高僧》《维摩诘变》《苍梧图》等。其中《维摩诘变》突破了以往顾恺之与陆探微的单人像形式，《历代名画记》中记："《维摩诘变》一卷，百有余事，运思高妙，兴法备至，位置无差。若神灵感会精光，指顾得瞻仰威容，前使顾、陆知惭，后得张、阎骇叹。"

晋代以来形成的绘画风格，被不少画家继承下来，在多种绘画形式的实践中，进一步发展各自的师承与擅长，将新的探索完善成前所未有的绘

① 林树中：《陆探微生平与艺术风格》，同前，第123页。

画程式，并以此为基础进行推广与普及，使得卷轴画与壁画呈现出一种互相交融、互相辉映的状态，也形成了不同的流派与风格。[①]陆探微与其弟子的画作，也开始出现了多种类型的题材。从最基本的肖像画开始，逐渐出现佛教题材、动物题材、风俗类型题材等。陆探微及其弟子所带来的这种创新与改变，使得宋齐以来的画家，在创作手法与创作题材上，逐渐形成各自的特长与风格。各自才情性貌所造就的艺术风格是对绘画规律进一步探索和认识的过程。陆探微的绘画特点与绘画风格，也直接体现于绘画题材与创作心态上，后人在对其学习借鉴上，不仅学其技，更究其法。针对不同的题材、将不同的手法与态度应用于创作中，使绘画逐渐发展成了“密体”与“疏体”两种基本风格。

① 田青：《中华艺术通史》，同前，第184页。

第三章　陆探微的绘画作品与风格

第一节　陆探微的绘画作品

一、历代著录的作品

陆探微的绘画作品，自唐代至明都有著录，但随着时间的流逝与时代的变迁，存世可见且被著录的陆探微作品，总体上呈现的是减少的趋势，现据著录年代，对陆探微的画作略作梳理。

唐代张彦远所著《历代名画记》中，对于陆探微画作记载十分丰富。按类型而言，主要以人物画为最多，其次有历史人物故事画、风俗画、宗教绘画等。

人物绘画，主要以肖像画为主。帝王人物绘像有：《宋孝武像》《宋景和像》《齐高帝像》《宋元徽像》；王侯人物绘像有：《豫章王像》《建安王像》《山阳王像》《巴陵王像》《江陵王像》《江夏王像》《建平王像》《竟陵王像》；其他肖像画还有：《严龙像》《孝武功臣像》《羊玄保像》《江智渊像》《王悦像》《王粹像》《王嗣像》《阮细夫像》《功勋像》《孙高丽像》《一人像》《勋贤像》《沈庆之像》《顾庆之像》《柳元景像》《王道隆像》《王翼之像》《沈昙庆醉像》《沈惠景母子像》《王莹像》《朱异像》《麻超之像》《徐僧宝像》《十一人图》《殷洪像》《任侯伯像》《释僧虔像》《徐爰像》《李献像》《王凯像》《孙敻著高丽衣像》《刘硕像》《钱灵度像》《徐爰像》《周饰之像》《谢超宗像》《宋桂阳王宠姬像》《刘牢之板像》《王献之板像》《捣衣图》《施修霖摇锡像》《刘季之像》《太宰像》《萧史图》《蔡姬荡舟图》《叙梦赋图》《服乘图》；历史人物绘画主要有:《竹林像》《荣启期》《钟子期图》。佛画主要有:《天安寺惠明板像》《灵基寺瑾统像》。依照文学作品创作的绘画有《诗新台图》。风俗画有《斗鸭图》。

《唐朝名画录》中记载:

> "夫画者以人物居先,禽兽次之,楼殿屋木次之。何者? 前朝陆探微屋木居第一,皆以人物禽兽,移生动质,变态不穷,凝神定照,固为难也。故陆探微人物极其绝妙,至于山水草木,粗成而已。"①

这一方面说明陆探微所绘的人物画是"极其妙绝"的,另一方面说明了陆探微的创作题材,已经不局限于单独的人物画,还有鸟兽、山水、草木等题材。

唐代裴孝源所著《贞观公私画史》中记载:

> "陆探微画十三卷:宋明帝像,宋景和像,豫章王像,建平王像,江夏王像,零陵王像,王太宰像,羊玄保像,江智渊像,顾庆像,孙高丽像,孝武功臣像,勋臣像。又建安、山阳二王像等十二卷:建安、山阳二王像,沈昙广醉像,麻超之、徐僧宝像,灵台寺瑾统像,毛诗新台图,蔡姬荡舟图,刘亮弱马阁,高丽赭白马图,蝉雀图,斗鸭图,猕猴图。并摹写本,非陆真迹,与前十三卷,共二十五卷,题作陆探微画隋朝官本,亦有梁陈题记。"②

按照《贞观公私画史》的著录,陆探微的作品有:《宋明帝像》《宋景和像》《豫章王像》《建平王像》《江夏王像》《零陵王像》《王太宰像》《羊玄保像》《江智渊像》《顾庆像》《孙高丽像》《孝武功臣像》《勋臣像》,一共为十三卷;后代摹本,但题有陆探微所画的作品有:《建安、山阳二王像》《沈昙庆醉像》《麻超之、徐僧宝像》《毛诗新台图》《刘亮弱马图》《蝉雀图》《猕猴图》《灵台寺瑾统像》《蔡姬荡舟图》《高丽赭白马图》《斗鸭图》,一共12卷。虽然《贞观公私画史》对于陆探微存世的画作,分前后卷,前者为流世真迹,

---

① (唐)朱景玄:《文渊阁四库全书·子部·艺术类·唐朝名画录·序》,上海人民出版社、迪志文化出版有限公司,电子光盘版。

② (唐)裴孝源:《文渊阁四库全书·子部·艺术类·贞观公私画史·序》,上海人民出版社、迪志文化出版有限公司,电子光盘版。

后者为后世摹本。但其中后世摹本的画作，也应为仿陆探微真迹之临摹而作，可信度较高。

北宋米芾在其所著《米海岳画史》中曾经记载到陆探微在润州甘露寺中作壁画，曰为菩萨像，其文中记录道：

> 润州甘露寺张僧繇四菩萨，长四尺一，板长八尺许，又陆探微神，面黄口角露二向上齿，金甲，手持幡，下一白狮子，神采惊人，殿梁天监中盖，拱明间，有二吴道子行脚僧，吾移置行脚僧于净名斋以避风雨。已上并会昌中废寺，于本道合毁寺处移来于此寺。[①]

按照《历代名画记》对于此幅壁画的记述，应为《文殊菩萨骑狮像》。北宋郭若虚所著《图画见闻志》中，著录有《勋贤图》，此作在《历代名画记》《贞观公私画史》中也皆有著录。在北宋官方编撰的《宣和画谱》中，则主要著录了陆探微创作的佛教绘画：《无量寿佛像》《佛因地图》《降临文殊菩萨像》《净名居士像》《托塔天王图》《北门天王图》《天王图》《王献之像》《五马图》《摩利支天菩萨像》。此时被认为是陆探微真迹的作品，较之前代，数量已经减少了很多，且多为佛教绘画。

宋代对于陆探微画作的记载，一共12种，其中佛教绘画为9种，人物肖像2种，兽鸟绘画1种；且北宋时期记载的陆探微绘画，与前代《历代名画记》与《贞观公私画史》中所记载的作品，相重复的非常之少，其中大部分的作品还不是传统的人物肖像画，多为壁画。由此可见，从北宋时期开始，陆探微的真迹可能就已经非常稀少，而多为后来的摹本。以北宋为分界线，在此之后，传为陆探微作品的，大多与北宋时期著录的画作有关，或为再摹本。

北宋以后，对于陆探微作品的记载，并未中断，主要有《中兴馆阁馆储藏图画记》《云烟过眼录》《画鉴》《清河书画舫》《书画题跋记》。《中兴馆阁馆储藏图画记》记载的陆探微作品，都为前代画史所著录，分别是《宣圣像》与《毛诗图》。《宣圣像》应为《历代名画记》中著录的《孔子像》或者《孔颜图》，《毛诗图》应为《贞观公私画史》中著录的《毛诗新台图》。《云烟过眼

① （宋）米芾：《文渊阁四库全书·子部·艺术类·米海岳画史》，上海人民出版社、迪志文化出版有限公司，电子光盘版。

录》中著录的陆探微作品为《降临文殊》与《摩利支天菩萨》,这与前代《宣和画谱》中著录的《降临文殊像》《摩利支天菩萨像》也相符。元代唐垕所著的《画鉴》著录的陆探微作品主要为《维摩像》《观音像》《摩利支天像》《文书降临》。《文书降临》这一佛教绘画题材作品为唐垕所见的真迹,且《画鉴》对于此幅作品,有着明确的描述:

"部从人物共八十人,飞仙四,皆各有妙处。内亦有番僧手持骷髅盂者,盖西域俗然。此卷行笔精密,无纤毫遗恨,望之神采动人,真稀世之宝也,今藏秘府。"

明代张丑所撰的《清河书画舫》中,著录陆探微画作有《摩利支天像》《降临文殊像》《道相图》《维摩像》《观音像》《勋贤图》《画狮子》。其中的《摩利支天像》《降临文殊像》皆为北宋之后画史所著录,《勋贤像》为前代《历代名画记》所著录,《观音像》与《画狮子》皆前代著录,疑为后代摹本或伪作。明代郁逢庆所撰的《书画题跋记》中,著录陆探微的作品有《姜后免冠图》,都穆撰《都氏铁网珊瑚》著录有《降临文殊像》《摩利支天菩萨像》。其中,除了《摩利支天菩萨像》与《降临文殊像》为前代所著录外,其余作品皆为首次著录于画史之中,其真伪值得怀疑。明代张丑所著的《钤山堂书画记》中,著录的陆探微作品有《道相图》《江砢玉》;所著《书画见闻表》中著录有《降临文殊像》《道相图》。这些著录的陆探微作品,皆与前人郁逢庆所著的《书画题跋记》同。

二、关于其存世的作品探讨

三国两晋南北朝时期,是中国绘画史上起承转合的关键阶段。这一时期,画家人数众多,作品的数量丰富;但是由于年代久远的原因,现存的这一时期的绘画作品非常稀少,仅有东晋顾恺之的少数画作留存于世,而这些存世的画作,尚存许多争论。正是由于存世画作稀少,画作真伪、年代等难以断定的原因,一直以来对于南朝绘画的研究,尤其是对于陆探微绘画作品的研究,只能集中在对其绘画的艺术风格、美学思想等进行分析与研究上。林树中先生在对陆探微画作进行持续深入的研究后,推断出南京西善桥南朝"竹林七贤"砖印壁画墓的砖印壁画母本,以及美国弗利尔美术馆所藏的《洛神赋图》母本,很有可能就是陆探微所作。

于1960年发现的南京西善桥南朝墓砖印壁画,题材内容为《竹林七贤与荣启期》,主要描绘的是嵇康、阮籍、山涛、王戎、向秀、刘伶、阮咸和荣启期八位历史人物。出土壁画《竹林七贤与荣启期》表现了门阀士族的代表

图1 《女史箴图》局部

图2.1 1960年南京西善桥宫山大墓《竹林七贤与荣启期》

图2.2 1960年南京西善桥宫山大墓《竹林七贤与荣启期》

“七贤”的共同特点，塑造了各人不同的个性，如嵇康，《世说新语·容止篇》说他“身长七尺八寸，风姿特秀，见者叹曰‘萧萧肃肃，爽朗清举’”。绘画作者应是据此塑造了嵇康的形象。据《历代名画记》卷五载，顾恺之曾画过嵇康的四言诗，深有体会地说：“‘手挥五弦’易，‘目送飞鸿’难。”壁画正是按照这两句诗来表达嵇康的精神状态的：画面刻画了嵇康的孤傲暨其敢于“非汤、武而薄周、孔”的气概；同时又表现了他内心充满矛盾的精神状态。而画王戎则表现了他表面清高而骨子里天天在筹划做生意赚钱的精神状态。画阮籍则着重他“嗜酒能啸”。画荣启期则表达了《高士传》中描写的“鹿裘带索，鼓琴而歌”及陶潜诗“荣叟老带索，欣然方弹琴”的诗意。

壁画既画了嵇康、阮籍、山涛、王戎像，又画向秀、刘伶、阮咸和荣启期像。荣启期亦作荣期，见于《列子·天瑞》，为春秋时的隐士，曾对孔子说：“得为人，又为男子，又行年九十，三乐。”《世说新语·排调》注云：“子欲为隐遁也，则当如荣期之带索。”他的放逸不下于“七贤”，所以和“七贤”并列。

图3　宫山大墓出土《竹林七贤与荣启期》中的嵇康

图4　宫山大墓出土《竹林七贤与荣启期》中的王戎与山涛

图5　宫山大墓出土《竹林七贤与荣启期》中的阮籍

图6　宫山大墓出土《竹林七贤与荣启期》中的荣启期与阮咸

关于南京西善桥南朝墓出土《竹林七贤与荣启期》砖印壁画的年代，学界有着不同的观点：考古发掘报告认为是东晋到刘宋时期；南京大学蒋赞初依据《建康实录》与《元和郡县图志》的记载，认为此墓为刘宋孝武帝景宁陵，建造年代约为刘宋大明八年（公元464年）。林树中先生认为南京西善桥墓地的壁画应当属于刘宋时期，同时根据其墓内仅有一道石门，与这一时期帝王陵墓设置两道石门的规制不同，且该墓全长仅有8.95米，与南朝已知的帝王陵墓动辄10余米以上的规制，差距较大。因此该墓的主人，应当为刘宋时期做过皇帝而后被废的人物。依照《宋书》的记载，刘宋时期被废除的帝王有：刘宋前废帝刘子业墓，约建于景和元年（公元465年）；刘宋后废帝苍梧王刘昱墓，约建于昇明元年（公元477年）。那么，南京西善桥刘宋大墓的墓主应当为刘宋前废帝刘子业或刘宋后废帝苍梧王刘昱两人之一。

在南京西善桥发掘出土该砖印壁画墓后，1965—1968年间，于南朝齐梁两代统治者发迹的地方——丹阳，又陆续发现了三处南齐时期的砖印壁画陵墓。

其中，胡桥仙塘湾大墓位于丹阳胡桥镇，具体地点位于水经山南的仙塘湾、俗称“鹤仙坳”的山岗南麓。仙塘湾大墓于1965年发现，由南京博物院发掘。距离该墓510米有一对石刻神兽。根据史书记载和考古人员调查，该陵墓可能为南齐景帝萧道生(南齐高帝萧道成次兄，齐明帝萧鸾父亲)夫妇的合葬墓。该墓出土的壁画有《羽人戏虎》《骑马武士》《竹林七贤》等，但该墓的壁画多有残缺，《竹林七贤》砖画基本上也是残缺的。

宝山吴家村大墓位于丹阳胡桥公社宝山大队吴家村，于1968年发现并由南京博物院发掘。考古工作者推断该墓可能是齐和帝萧宝融恭安陵。该墓的壁画保存十分完好，出土了《竹林七贤与荣启期》《仪仗图》《骑马武士》《执戟武士》《羽人戏龙》《羽人戏虎》等10幅较完整的壁画，其形制和同时期发掘的建山金家村墓一致。

建山金家村大墓位于丹阳建山公社管山大队金家村，亦由南京博物院发掘，同时还在该墓南1000米左右清理出一对石兽。对于该墓有一说是南齐东昏侯墓，但日本学者曾布川宽根据形制及出土的砖画和仙塘湾大墓的关系等因素推测该墓可能是齐明帝萧鸾兴安陵。该墓的砖砌壁画保存是目前已经发掘的南朝大墓中最为完好的，出土《日轮月轮图》《竹林七贤与荣启期》《仪仗图》《骑马武士》《执戟武士》《羽人戏龙》《羽人戏虎》等12幅较完整的壁画。

丹阳南齐三座陵墓中的壁画包含狮子、四神、飞仙、武士、出行侍从，而篇幅最大的是《竹林七贤与荣启期》。丹阳三座南齐帝陵出土的《竹林七贤与荣启期》砖印壁画中，尤以建山金家村大墓和丹阳胡桥仙塘湾大墓保存得比较完好。与南京西善桥出土的砖印壁画相比，在构图、人物、形象、风格上基本相同，而在一些细节上则有可能体现出了彼此之间的年代差异：一是南京西善桥南朝大墓的砖印壁画，砌砖更加规制和整齐，几乎没有错乱，而丹阳三座南齐帝陵中的砖印壁画很多人名都已经弄错。两地的墓室的砖印壁画可能都是采用了木模砖印的技法，即采用了刻好花纹与文字的若干木模，进行印制后再入窑烧制而成，其整体的布局与造型应当都是模仿同一模板进行制作的，但丹阳三座南齐帝陵中的砖印壁画题榜多有错误，故年代有可能较南京更晚。还有一种观点，认为南京西善桥南朝大墓砖印壁画中的人物，更加年轻，且富有活力，而丹阳三座南齐帝陵砖印壁画中的人物形象，则相对年老，细节上也多以老年的姿态进行

图7.1　建山金家村《竹林七贤与荣启期》

图7.2　建山金家村《竹林七贤与荣启期》

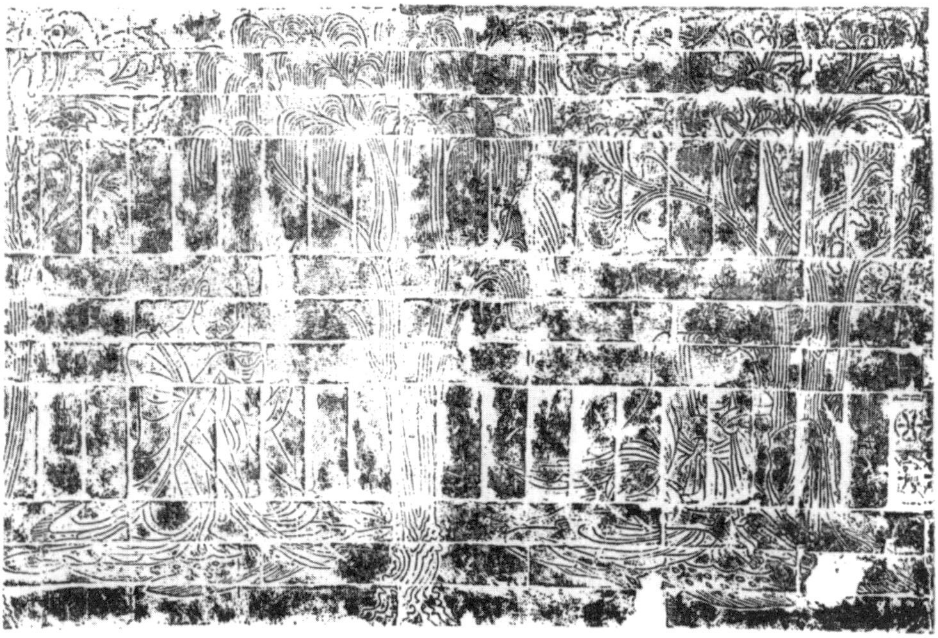

图7.3　建山金家村《竹林七贤与荣启期》

图7.4　建山金家村《竹林七贤与荣启期》

呈现，似乎也间接说明了南京西善桥的砖印壁画时间更早。此外，南京西善桥南朝大墓砖印壁画模印的“竹林七贤”与荣启期，都是直书其名，而丹阳三座大墓壁画上，则加了相应的官号。这种变化，或许也从侧面说明了丹阳的时间较晚。

《历代名画记》中著录东晋至南朝时期绘画“七贤”的画家：在东晋时期有戴逵、史道硕、顾恺之，在南朝宋齐时期的则有陆探微、毛惠远。

东晋时期的戴逵，是史料中记录最早绘制“竹林七贤”这一题材的。据《历代名画记》记载：

> 《七贤》惟嵇生一像欲佳，其余虽不妙合，以比前“竹林”之画，莫能及者。《嵇轻车诗》作啸人似人啸，然容悴不似中散，处置意事既佳，又林木雍容调畅，亦有天趣。《临深薄履》，兢战之形，异佳有裁。自《七贤》以来，并戴手也。

戴逵生于东晋咸和四年(公元329年)，卒于太元二十一年(公元396年)，但是由于绘画水平的问题，未能展现出足够的艺术效果。南京西善桥南朝大墓砖印壁画《竹林七贤与荣启期》的创作年代，按照上文推断应该在刘宋时期的永光至昇明时期(公元465—477年左右)，而这一砖印壁画的母本创作年代，应当是早于昇明元年(公元477年)。顾恺之在东晋义熙五年(公元409年)去世，如果采用顾恺之创作的《七贤像》与《荣启期》作为母本，进行砖印壁画的制作，其时间上当然存在可能性。但是，无论南京西善桥南朝大墓的砖印壁画，还是丹阳南齐三陵的砖印壁画，都分明是刘宋时期绘画风格的缩影，这些墓葬内的壁画都被笼罩在南齐以陆探微为最高标准的“秀骨清像”画风之中。

陆探微师于顾恺之，是顾恺之绘画风格的直接继承者，而《历代名画记》对顾恺之绘画风格有十分精辟的总结：

> 顾恺之之迹，紧劲联绵，循环超忽，调格逸易，风趋电疾，意存笔先，画尽意在，所以全神气也。[①]

陆探微的绘画，用笔同样也是连绵不绝，但是在继承顾恺之的基础

① [日]冈村繁：《冈村繁全集第六卷·历代名画记译注》，上海古籍出版社，2002年版，第92页。

上，又有了进一步的总结与创新。南朝大墓的砖印墓室壁画，无论是《竹林七贤与荣启期》图，还是《羽人戏龙》图、《羽人戏虎》图，都是形象风扬俊秀、线条飞动流畅。而在细节方面："竹林七贤"与荣启期等人物的形象都趋于方正，显得清秀，风骨挺拔；羽人、龙、虎的形象，同样展现出"秀骨清像"的特点，羽人的脸部较方正，身体细长，显得俊秀修长。这些形象上的特点与顾恺之作品中丰满、圆形为主的形象，有着明显的区别。用笔方面，无论是人物还是树木，南京西善桥南朝大墓砖印墓室壁画挺劲锐利，轻重转折间变化明显，属于比较典型的"铁线描"，这与顾恺之作品所展现出的"高古游丝描"，有着本质的区别。其时陆探微正是刘宋王朝画坛的第一人，帝后陵墓采用这一时期声望与成就最高的陆探微创作的作品，来作为母本进行相应的创作，应当是符合情理的。因此，南京西善桥南朝大墓砖印壁绘画《竹林七贤与荣启期》的母本，很有可能即出自陆探微的手笔。

美国华盛顿弗利尔美术馆藏《洛神赋图》纸质白描本，题为"唐陆探微九歌图真迹神品"，其完成的年代据林树中先生考证应为明代。[①]按，传世《洛神赋图》卷本现存的尚有以下几种：美国弗利尔美术馆藏传顾恺之画卷；美国弗利尔美术馆藏传陆探微卷；伦敦英国博物馆藏宋人画卷；北京故宫博物院藏高卷，主要为宋人画，缺六朝气息；北京故宫博物院藏卷；辽宁省博物馆藏宋人画卷、台北故宫博物院藏册页（一页）。魏晋南北朝时期《洛神赋图》的作者，根据历代文献著录的信息，依照时代的早晚排序如下：东晋时期有《历代名画记·卷五》记载的晋明帝司马绍（公元299—325年）与《画鉴》记载的顾恺之，南朝时期有《唐朝名画录》记载的陆探微。

美国华盛顿弗利尔美术馆藏《洛神赋图》纸质白描本纵24.1厘米、横493.7厘米。标签题为"唐陆探微九歌图真迹神品"，所画实为曹植《洛神赋》。母本的原作者为陆探微。卷后有刘镛、魏骥、宋荦跋。收藏印有：宣和、墨林图书、项元汴印、项墨林鉴赏章、净因主、萧庭氏审定真迹印、高氏珍藏、雅尚斋、古杭瑞南高氏鉴赏等。

卷后第一段跋："唐陆探微与顾恺之齐名。余平生止见文殊降灵真

---

① 林树中：《传为陆探微作〈洛神赋图〉弗利尔馆藏卷的探讨》，《南通师范学院学报（哲学社会科学版）》，2001年第9期，第116页。

图8　弗利尔美术馆藏《洛神赋图》白描本

迹，部从人物共八十八人，各尽其妙，内亦有番僧手持髑髅水盂者，盖西域俗然。此卷九歌图行笔紧细，无纤毫遗恨，望之神采动人，真希世之宝也。”钤印一“刘墉之印”。跋文显然是套用元代《画鉴》里的话，题名“刘镛”，但又号“石”，印也作“刘墉之印”。查刘镛与刘墉实为两人。刘镛是唐人，懿宗时官建州司户参军。刘墉是清代乾隆时人，号石，大书家。签名作刘镛，又钤刘墉印章，显然是造假跋的人露的马脚。但古董中画真（或好）跋假的情况是常见的。或此卷摹本的原本可能是唐时流传的陆探微画，且有刘镛跋，是造假的古董商缺少历史知识也未深究画面内容之故。[①]

第二段跋：“善评（？）者若有神助，夫九歌之图……太常庸，冯公好《左传》，雅君子也。是卷盖其所珍袭者，因以示余，而余词识其末简。宣德八年岁次癸丑十二月（？）生明太常寺卿萧山魏骥书。”

第三段跋：“郭若虚有云：‘佛道人物士女牛马近不及古，山水林石花竹禽鱼古不及近。’何以明之？顾恺之、陆探微、张僧繇、吴道玄及阎立德、立本，皆能重雅正，性出天然。……康熙五十三年秋七月，时客京师，与郭君竹隐同（？）厂中，骨董客出示此卷，余展玩贰过，喜不自甚，遂出重价购得，珍如拱璧，并录郭若虚论画于卷后。商丘宋牧仲书。”钤有“宋荦”印。

关于《洛神赋图》卷的作者，今传本多传是顾恺之作。唐兰先生曾指出：“从这幅绘画（指北京故宫博物院藏卷）的作风来说，突出人物情节，山水树木鸟兽等背景还很古拙，可以相信它的原本是四世纪的。”“这一幅也可能是司马绍首创而顾氏重写，或本为司马绍旧本，而后人因顾名声大，题为顾画，目前只能存疑。”唐氏还提出论据指出：今传为顾恺之作的《列女仁智图》卷（北京故宫博物院藏）应属南朝齐、梁时的作品。这些看法很有见地，而且是可信的。而从全卷的画风考察，突出人物情节，山水树木等背景，特别是银杏树和柳树的表现手法与南京西善桥南朝大墓出土的《竹林七贤与荣启期》砖印壁画，其时代气息相同，且布局人物造型与今传其他《洛神赋图卷》（如北京故宫博物院、辽宁省博物馆等藏本）基本相同，其母本产生于东晋南朝当不成问题。且第三段表现“荣曜秋菊，华茂春松”画菊一丛、松一株，最具唐画气息，表现手法与唐永泰公主墓石刻线画

① 林树中：《传为陆探微作〈洛神赋图〉弗利尔馆藏卷的探讨》，同前，第113页。

最为相似。

对《洛神赋图》白描本的著录有：北宋《石渠宝笈》著录有李公麟临《洛神赋图》卷；明代《玉雨堂书画记》著录有仇英临《仇实父洛神图》纸本，《海王村所见书画录》著录有王鼎临《洛神图》一卷。弗利尔美术馆所藏该卷《洛神赋图》，有着较为明显的明代气息，主要表现在：白描人物的线条，皆为承唐代风格而又含明代之气息；洛神乘云车段，六龙体型与造型，皆为明代之风格。这也可以较为明显地判断出该卷应当完成于明代。①

弗利尔美术馆所藏此卷，标题及跋文中依稀透露出与唐人《洛神赋图》粉本的联系，或唐人粉本、李公麟临本、《东图玄览》著录之白描绢本、传仇英仿本在明代皆在社会上流传。此卷系临仿唐人粉本（或他本）因而标题“唐陆探微九歌图”也是可能的。再联系上面的论证，如果此说得以成立，那么唐时是存在这题为陆探微所作的《洛神图》，此卷或即唐本陆探微《洛神图》的再摹本。

第二节　陆探微的绘画风格

一、陆探微的绘画艺术基础

从中国画的绘画观念与创作手法的角度来看，汉代以前，还处于“古画”的阶段，其创作观念与绘画技巧，也是较为简略而单调的。汉代开始，程式化的样式与手法，促使绘画开始出现不同的侧重点；绘画的功能性也开始拓展，其造型和技法同样也开始产生了较为明显的变化；这促使绘画在题材与表现内容上越来越丰富，并更多接近于现实生活。三国至魏晋时期绘画发展，是“由略至精”的关键时期。从中国绘画的发展途径来看，“由略至精”的关键之一是绘画观念的根本变革。②中国绘画从汉末至魏晋之际的发展状况，依照谢赫在《画品》中所述“古画皆略，至协始精”，这是

① 林树中：《传为陆探微作〈洛神赋图〉弗利尔馆藏卷的探讨》，同前，第116页。

② 田青：《中华艺术通史·三国两晋南北朝卷》，同前，第155页。

对于东吴卫协绘画的评价。前文提到："密体"的艺术风格始于卫协，中经顾恺之的发扬，而完成于陆探微。陆探微与顾恺之、卫协是同一流派的画家，顾恺之师于卫协，而陆探微的绘画艺术，是在继承传统与开拓创新的基础上发展起来的。

卫协作为"密体"的开创者，注重时代的审美要求。从后人对卫协的品评中，不难看出，其作品更多反映出绘画发展至重视形象而技巧又日趋完善的普遍规律；同时卫协更加重视形象所表达的绘画语言，在形象的创造上，有了更进一步的开拓。谢赫认为卫协"虽不备该形似，而妙有气韵，凌跨群雄，旷代绝笔"。这说明卫协已经不再停留在技法本身的精密，而是已经注重将技法与情势相融合。陆探微的艺术创作，也必定受到了此种风气的影响。

顾恺之画作的艺术风格与艺术思想，对陆探微的影响应当是比较深远的。张彦远《历代名画记》中记载"上古之画，迹简意淡而雅正，顾、陆之流是也"。顾恺之的画作，经著录的有《洛神赋图》《画云台山记》《女史箴图》《列女仁智图》等，其作品已经从精细艳丽的匠作画风，开始向略于形色的绘画风格发展；不再追求色彩布局上的强烈效果，不是一开卷便光彩照人，而是平易、朴茂、雅正。顾恺之的成就是多样性的，陆探微对于顾恺之的继承，同样也是多样性的，而同时陆探微的艺术基础，则正是源于顾恺之。

以顾恺之为代表的东晋画家们，在造型、用笔、构图的方面都取得了长足的进步：

绘画的造型，确立了以"描法"为先导的笔法体系。将"描"作为绘画中基本造型元素来探索，并体悟此种造型与绘画表现之间的联系，基本确立了对于气韵与风骨的追求。对于此种"气韵与风骨"的表现，逐渐成为了人物画题材为主的中国绘画的关键之所在。从汉代开始，对于人物的形体描绘，已经逐渐趋于以"瘦"作为主要准则，"瘦形"与疏朗的风格，都说明了当时的社会风气已趋向于疏朗、清爽、骨气的形态。顾恺之提出的"瘦形而神气远"的要求，使得陆探微在写人时：刻意"瘦形"、骨气洞达、风度翩翩。人物面部呈现出形瘦骨现、肉减疏朗、"秀骨清像"的风貌；并使用转折明显、变化复杂的劲利笔法进行描画；形体结构之转折、用笔技巧之丰富，进一步被重视与利用，陆探微明显注意到了此种变化的趋势，更加注重变化之间的自然流利，所绘的人物形象，显得疏朗洞达而清秀，这也正是“陆得其骨”之意。

刻画形体的用笔技巧，已经开始逐渐呈现为“紧劲连绵，循环超忽”的神气，这正是以顾恺之为代表的画家所普遍使用的“高古游丝描”：画面中的多股线条，相互配合，相互呼应，相互平衡，构成了一个较为完全的结构。这种结构是对形体支立的“骨”。顾恺之在其绘画之中，也已经开始逐渐重视对于“骨”的认识与处理。这一时期的线条的使用，形成了绘画之中的“风骨”，其指向又引来了“气韵”之内涵，两者之间互相转换变动。原本绘画中“风”与“骨”这看似毫无联系的两者，通过用笔而得以联系。规范了的用笔，造就了标准化的描线，重要的线条是互相呼应与牵制的，同时构成整体的视觉效果，这种视觉效果和表现的空间实体形态，与人的体验感知是相吻合的。特定线条形式所组成的基本造型元素，成为中国最早定型的艺术处理样式。

在理论与实践上，则确立了中国绘画独立发展的平面构图基本原则。使用规范的用笔之法，与使用合适的位置组合，成为绘画创作最重要的两个方面，统领了后世的理论认识与技术要求。自古以来的绘画构图，在顾恺之的实践中，得到了一次全面的升华。顾恺之基于魏晋时代的绘画实践提出：画面形象之间需要注意彼此的空间关系，同时各个形象之间也需要相互的制约与约束。这种以位置表现空间感的方法，在以顾恺之为代表的魏晋时期的画坛，逐渐形成理论基础。这也使得画家的创作意图与表现手法，在处理形象的位置和构图上，增加了创作主体的能动作用，人在整个绘画的审美活动中的主体性也由此确立。

顾恺之可以说是完成了对中国画造型基础元素的最基本认识，在绘画各方面的探索，是一以贯之且有所发展的。陆探微作为顾恺之的弟子，同时作为“画家四祖”中后于顾恺之的一位，顾恺之及其所代表的绘画风格与艺术思想，应当对陆探微的艺术创作与思想产生了重要的指导作用。陆探微对于顾恺之绘画技法与思想的认识，是其创新与发展的基础。魏晋时期绘画从理论到技法层面，都有了质的飞跃，促进绘画自觉地独立出来，渐渐成为较高层次上的文化表率，这也正是陆探微绘画艺术的基础之所在。

二、对陆探微绘画艺术的评价

陆探微的绘画艺术造诣，画史上一直给予了极其崇高的评价，他的作品也为历代收藏家所珍视。后人衡量收藏的标准有所谓“凡人间藏蓄，必当有顾、陆、张、吴著名卷轴，方可言有图画”，最可见陆探微在画坛之分量。《历代名画记》中更是写道：“若言有书籍，岂可无九经三史？顾、陆、张、吴为正经，杨郑董展为三史，其诸杂迹为百家。”

在画史中，首先对陆探微提出品评的是与其同一时期的艺术批评家谢赫，在其《古画品录》序言中有云：

> “虽画有六法，罕能尽该，而自古及今，各擅一节。六法者何？一，气韵生动是也；二，骨法用笔是也；三，应物象形是也；四，随类赋彩是也；五，经营位置是也；六，传移模写是也。唯陆探微、卫协备该之矣。”①

在其后位列第一品的五人之中，将陆探微列为其中第一品第一人，并对陆探微做出了如下评价：

> “穷理尽性，事绝言象。包前孕后，古今独立。非复激扬所能称赞，但价重之极乎！上上品之外，无他寄言，故屈标第一等。”②

其后，对于陆探微进行品评的是经历南朝至隋代的姚最，但在其《续画品》中，却提出了异于谢赫的评价，其著录中对于顾恺之的评价非常之高，对陆探微却只字不提，认为陆探微的艺术作品的价值言过于实，有被夸大的成分：

> “至如长康之美，擅高往策，矫然独步，终始无双。有若神明，非庸识之所能效；如负日月，岂末学之所能窥。荀、卫、曹、张，方之蔑矣，分庭抗礼，未见其人。谢、陆声过于实，良可于邑，列于下品，尤所未安。”③

---

① (南齐)谢赫、(陈)姚最：《古画品录、续画品录》，人民美术出版社，1959年版，第1页。
② (南齐)谢赫、(陈)姚最：《古画品录、续画品录》，同前，第6页。
③ (南齐)谢赫、(陈)姚最：《古画品录、续画品录》，同前，第23页。

进入到唐代以后，李嗣真的《画品》中这样记载到：

“亡地寄言，故居标第一。此言过当。但顾长康之迹，可使陆君失步，荀勖绝倒……然则称万代蓍龟衡镜者，顾、陆同居上品第一。”①

认为陆探微虽略逊于顾恺之，但总体上顾恺之与陆探微仍然不相上下，都是当时画坛之巨擘。

同时代的张怀瓘所著的《画断》中，对于陆探微的评价在基于比较与分析的基础上，认为：

“顾、陆及张僧繇，评者各重其一，皆为当矣。陆公参灵酌妙，动与神会，笔迹劲利，如锥刀焉，秀骨清像，似觉生动，令人懔懔若对神明，虽妙极象中，而思不融乎墨外。夫象人风骨，张亚于顾、陆也。张得其肉，陆得其骨，顾得其神。神妙亡方，以顾为最。比之书，则顾、陆、钟、张也。僧繇、逸少也，俱为古今独绝；岂可以品第拘？”②

唐代张彦远在其《历代名画记》卷二中则将陆探微绘画的类型风格进行了总结与分析：

晋之顾、宋之陆、梁之张，首尾完全，为希代之珍，皆不可论价。如其偶获方寸，便可椷持。比之书价，则顾陆可用钟张，僧繇可同逸少。书则逡巡可成，画非岁月可就。所以书多于画，自古而然。今分为三古以定贵贱：以汉……以晋宋为中古，则明帝、荀勖、卫协、王廙、顾恺之、谢稚、嵇康、戴逵（以上八人晋）、陆探微、顾宝先、袁倩、顾景秀之流是也（以上四人宋）……上古质略，徒有其名。画之踪迹，不可具见。中古妍质相参，世之所重，如顾、陆之迹，人间切要。下古评量科简，稍易辨解，迹涉今时之人所悦。其间中古可齐上古，顾、陆是也；下古可齐中古，僧繇、子华是也；近代之价可齐下古，董、展、杨、郑是也；国朝画可齐中古，则尉迟乙僧、吴道玄、阎立本是也。若铨量次第，有数百等，今且举俗之所知而言。凡人民藏蓄，必当有顾、陆、张、吴著名卷轴，方可言有图画。若言有书籍，岂可无九经、三史？顾、

① 于安澜编：《画品丛书》，上海人民美术出版社，1989年版，第37页。

② 俞剑华编著：《中国画论类编》，人民美术出版社，1957年版，第402页。

陆、张、吴为正经，杨、郑、董、展为三史，其诸杂集为百家（吴虽近，可为正经）。[1]

唐代以后，对于陆探微著录的画史资料还是比较多的，如《画史》《图画见闻志》《宣和画谱》《中兴馆阁馆储藏图画记》等，但大都是对陆探微绘画作品的著录，至于对其评价的部分，大多依据唐代以及唐代之前画论中的论述。直到唐垕《画鉴》中的品评，始结合陆探微存世的作品，略有所发展：

“陆探微与顾恺之齐名，余平生只见《文殊降灵》真迹，部从人物共八十人，飞仙四，皆各有妙处。内亦有番僧手持骷髅水盂者，盖西域俗然。此卷行笔紧细，无纤毫遗恨。望之神采动人，真希世之宝也。今藏秘府，后见《维摩诘像》《观音像》《摩利支天像》皆不逮之。”[2]

综合各时期画史对于陆探微的评论，可总结为两点：

陆探微是顾恺之之后画坛的第一人。陆探微对于以张僧繇、吴道子为代表的后世画家的绘画艺术风格，产生了极为深远的影响。

绘画处于多样性发展的萌芽阶段，陆探微也是在艺术形式的探索上的先驱者，陆探微的艺术造诣、艺术创造力、艺术才能等也是全面创新的，也都被历代艺术家所肯定。

三、陆探微绘画风格的基本特征

陆探微绘画艺术风格的基本特征，主要表现为“秀骨清像”与“一笔画”。

“秀骨清像”是指人物的形象清瘦秀丽、身材修长，反映人物的智慧、超脱、潇洒飘逸和气质风度，表现了南朝人的审美观。[3]陆探微没有一幅绘画真迹留存至今，对陆探微绘画风格的了解，可以说全部是凭借后人的著述。谢赫首先给予陆探微绘画至高的赞誉，称其画：

“穷理尽性，事绝言象。包前孕后，古今独立，非复激扬所能称赞。但价重之极乎上，上品之外，无他寄言，故屈标第一等。”

---

① （唐）张彦远：《历代名画记·卷六·宋》，人民出版社，1963年版，第42页。

② （唐）唐垕：《画鉴》，人民美术出版社，1963年版，第27页。

③ 林树中：《六朝艺术》，南京出版社，2004年版，第146页。

> "虽画有'六法',罕能尽该。而自古及今,各善一节……惟陆探微、卫协备该之矣。"

在谢赫看来,陆画已远远超越了作品外在形式的完美,直接把握到艺术的内在本体。所谓"穷理尽性,事绝言象",即指能穷尽对象的内在精神气质,达到上乘的理想境界,而非限于表面的描摹刻画。因此,谢赫将陆探微置于上品之上,第一品第一人。谢赫又在总体上认为陆画"六法尽该(赅)",即因"穷理尽性"而使画面有"气韵生动"的效果。谢赫这段赞辞具有浓厚的形而上色彩,只能让人大致把握陆探微绘画的精神取向,而其画面的感性形象特征依然模糊。至于张怀瓘对陆画的评价,使人对其绘画风格有了较为清晰的轮廓:

> "陆公参灵酌妙,动与神会,笔迹劲利,如锥刀矣。秀骨清像,似觉生动,令人懔懔若对神明,虽妙极象中,而思不融乎墨外。夫像人风骨,张亚于顾、陆也,张得其肉,陆得其骨,顾得其神。"

"参灵酌妙,动与神会",依旧是形而上的赞誉,但"笔迹劲利,如锥刀矣"云云,则具体的对陆探微的用笔进行了描述,说明陆公用笔如锥刀入木般,刚劲有力度。张怀瓘在这里三次提到"骨"字。文学史上讲"建安风骨",是指"三曹"和"建安七子"体现在作品中的慷慨磊落之气以及刚健有力的风格。《世说新语》中对人物品评也常用"风骨""骨气""正骨"等词语,如王右军(羲之)谓:"道祖士少,风领毛骨,恐后世不复见此人。"又注引:"《晋帝纪》曰,羲之风骨清举也。""王右军目陈玄伯垒块有正骨","时人道阮思旷骨气不及右军"。这类"骨"字都是形容一个人清刚而有力感的形象之美。而当"骨"的观念被转用到绘画艺术中来时,则具体表现在线条紧密劲利而给人以力度感。

"秀骨清像"一词具有递进式的双层审美内涵:既指人物外在形象上的清秀瘦削之美,也指通过对形象刻画,体现的人物内在的清刚、峭拔、超脱的品质。陆探微绘画的两个主要特征是:人物外在形象的清秀瘦削和绘画用笔追求如刀刻般的刚劲有力;超越于对外在形式的关注,直达理想人格本体的精神层面。所以当人们面对画面时,会产生"令人懔懔若对神明"的感觉。

"陆探微精利润媚，新奇妙绝，名高宋代，时无等论。"[①]

到魏晋时期，书法这一艺术形式，也完成了从注重单一线条、蚕头雁尾式波折运动的隶书，到注重线条连贯运动的草书的转变。这也标志着书法艺术本体自律的独立成熟和自由发展，连绵不断、运转灵活自如的线条，不仅开拓了文字多维的空间架构，展现了线条在时间中的延续，而且由于这种自由、灵活、连贯，事实上呈示出书写者主体的审美倾向与精神追求。[②]陆探微在绘画技巧上，通过对草书连贯一气的行笔运势特点，敏锐把握与巧思妙琢，将它引入绘画领域，创作出前所未有的"一笔画"法。张彦远《历代名画记》卷二《论顾陆张吴用笔》中记载：

"昔张芝学崔瑗、杜度草书之法，因而变之，以成今草书之体势，一笔而成，气脉相通，隔行不断，惟王子敬明其深旨，故行首之字往往继其前行，世上谓之'一笔书'。其后陆探微亦一笔画，连绵不断，故知书画用笔同法。"

张芝的"一笔书"表现了内在的人格完善因素，陆探微亦当深明其旨，他创作的"一笔画"与张芝的"一笔书"可谓异曲同工。张彦远也由此得出"故知书画用笔同法"的结论。

① 叶雅：《浅谈山水画中的"纵"与"横"》，中国美术学院硕士论文，2015年，第13页。
② 李谋超：《魏晋南北朝时期人物画审美风格初探》，湖南师范大学学位论文，2008年，第13页。

第四章 陆探微绘画作品的思想内容

第一节 魏晋时代思潮的基础与展现

一、动荡社会与社会自觉

魏晋南北朝是中国历史上一个大动荡的时代，由于社会动荡、战争频繁，汉儒经术随之衰落，崇尚清谈的道家“玄学”思想开始活跃于当时的文化艺术领域。在动荡的社会现实中，个体审美意识开始觉醒，开启了中国历史上第一个艺术的自觉时代。佛教的传入、民族的迁徙和融合，使域外艺术纷至沓来，推动了魏晋南北朝时期艺术的发展，使这一时期的艺术审美呈现出开放的状态。[①]

魏晋南北朝艺术自觉正是在对政治以及世俗生活疏离和超越的基础上实现的，形成了独特的时代风格。其实，早在东汉时，王充就已经开始针砭儒学、倡导老庄了。同一时期的班固也对儒家经学的弊端进行了尖锐的批评，所谓“便辞巧说，破坏形体”，“毁所不见，终以自蔽”。在社会思潮的变革下，人们开始崇尚“清静无为”“自然本真”情感的流露，追求理性的思辨和真实情感的表达与宣泄。将人内在的精神、才情、气质表露绽放。一些士族名流更是放浪形骸，高谈玄理，形成了所谓的玄学思潮。

二、玄学思潮的形成

魏晋以来，随着秦汉统一王朝的毁灭，西汉以来的传统儒学思想受到

① 温晓慧:《魏晋南北朝时期艺术的审美特征》,《运城学院学报》,2008年第3期,第77页。

了巨大的冲击，主要表现在继承道家思想的“玄学”的兴起。“玄学”崇尚“清谈自然”，以探究世界本体为基本内容。在艺术领域里，它反对儒家“礼乐”“中和”，以及带有功利目的色彩的艺术审美，主张从艺术的本体角度去研究艺术审美，其中以嵇康《声无哀乐论》中的论述最为典型。[①]嵇康是魏晋著名的文学家、思想家、音乐家，他是“玄学”主要代表人物之一，他所著《声无哀乐论》建立在道家“玄学”的基础上，集中体现了这一时期的艺术审美思想。在著作中，嵇康提出“越名教而自然”是对儒家倡导的封建礼教的反对和对自然美的肯定和追求，他肯定了音乐的美感作用，重视对音乐本体的研究，反对两汉以来儒家完全无视音乐的艺术性、将音乐视为政治附庸的功利性观点。嵇康的这些思想在当时具有很大的进步意义。

同时，随着玄学的兴起，“玄谈”的流行，探讨哲理的清谈之风和玄谈之气影响了这一历史时期的艺术审美思想。许多艺术家和知识分子突破了儒家思想的束缚，从艺术本体的角度探讨艺术，对形成这一时期艺术审美特征，具有一定的意义。

从正始年间的何晏、王弼到“竹林”时期的嵇康、阮籍，再到元康时期的向秀、郭象，都是当时“玄学”的代表人物，他们“祖述玄宗，递相夸尚”“清言妙辩”，形成了“极自由、极解放”的思想局面。尽管他们的理论观念并不完全一致（或以道释儒或崇道抑儒，或道儒相融），但有一点可能是共同的，这就是老庄哲学占据他们的思想中心。此外还有一点也是共同的，即他们依据老庄而展开的“玄学”论证，对当时的艺术产生了深刻的影响。

三、个体审美意识的觉醒

魏晋南北朝时期，社会生活处于频繁的动乱之中，残酷的社会现实与“玄学”思辨的兴起，促使艺术家个体意识开始觉醒，他们对人生的思考趋于深刻，无心政治，而从艺术中去寻求内心的“自在与安宁”，并且将艺术创作作为他们表达情感、追求个人价值、塑造独立人格的重要内容。

从当时最为繁荣的清商乐的创作来看，充溢着的经常是一种悲凉情

① 温晓慧：《魏晋南北朝时期艺术的审美特征》，同前，第78页。

调。这种弥漫在当时社会氛围中，成为当时音乐典型情感特征的感慨悲凉之情，正是那些忧患之士的主观思绪情怀的集中体现，也是强调突出个人情感意志，重视自然真情这种以人为本的音乐思潮的反映。

再看当时流传下来的那些乐歌作品，乐歌的作者经常是在对人生的感叹中，抒发自己内心的情感，表达对人生的思想和对个人价值的追求。如“人生不满百，常怀千岁忧”“对酒当歌，人生几何”等乐歌词句，这都是作者情感的寄托和表达。同时，在表达情感、抒发感叹的过程中，也没有舍弃对人自身价值的追求与肯定，如曹操的“天地间，人为贵”，可以说是在乐歌的演唱中对人的自我价值的高扬。

这一时期的琴曲内容，一反以往琴乐作为“礼”的附庸，而成为了文人、知识分子精神的寄托和主观情感抒发的媒介。如：南朝梁代丘明所作琴曲《碣石调·幽兰》，“声微而志远”，琴曲幽怨、压抑的情调表达了他借“幽兰”抒发自己怀才不遇的心情；阮籍所作的琴曲《酒狂》，据《神奇秘谱》解，琴曲反映了阮籍有自己的理想，但在当时不能实现，又不甘随波逐流，只好寄托于酒醉佯狂；魏晋名士嵇康，在临刑前，仍索琴弹奏《广陵散》，更是表现了他通过琴乐这一媒介寄托生命、表达情感的艺术审美境界。

此外，在挣脱正统儒学精神羁绊的绘画艺术领域里，艺术家们的个性也得到了解放。他们崇尚自然，寄情于大自然的山水。山水画就在这样的背景下产生了。山水画的产生是艺术家们对自然之美认识的升华。山水画的确立与当时文人志士的精神追求也密切相关，他们在将自然景物作为一种题材进行描绘的过程中，寄情与斯，抒发自己对生命、人生的感悟，进而创造出一种他们所需要的情境。南朝画家宗炳论山水画是画家心灵的表现，山水画创作要倾注画家的思想感情，而不是对自然的模仿，于是山水画成为了当时文人志士、知识分子寄托情感的又一艺术载体。

历代的统治者都将艺术作为统治的工具和教化的手段，使艺术不能自由地表达人们的真实感情，而这一时期的艺术创作更多地追求人们内心情感的表达，更真实地抒发人们的心声，显示了创作者在艺术创作方面对个人情感的高度重视，也表现了当时以个体为主的审美意识的觉醒和创作者为艺术而艺术的自觉。

四、魏晋时期的“气韵之美”

道家“清静无为”的思想以及“大音希声”“无声之中，独闻和焉”的审美风尚，对这一时期的传统艺术审美有很大的影响。在此基础上，艺术家们的创作重视“传神”“神韵”“意境”的追求。

魏晋南北朝时期的绘画创作将艺术作品的“气韵之美”发挥到了极致。汤用彤先生说：“玄者玄远，宅心玄远，则重神理，而遗形骸”[①]，“而理论上言意之辨，大有助于实用上神形之别”。正是这样，促使当时晋人在看待形神关系上，表现出一种重神轻形的倾向，如阮籍说：“徒寄形骸于斯域，何精神之可察。”《晋书·阮籍传》说：“当其得意，忽忘形骸。”《晋书·嵇康传》说“土木形骸，不自藻饰”，卢湛也说：“遗其形骸，寄之深识。”这与“言意之辨”中的“得意忘言”的思想倾向显然是一致的、相通的。

如东晋大画家顾恺之的人物描绘，五官描写细致入微，动态处理自然大方，并以人物面部的复杂表情来隐现其内心的丰富情感。他根据描绘要表现对象的思想感情，提出“以形写神，而传神之妙在于眼”。他“传神写照”的美学命题也正是在上述玄学论题的影响下提出来的，他的人物画以“神”取胜的特点，也进一步表明了这种影响的思想倾向。此外，这一时期书法理论提出的“神采为上，形质次之”的观点以及对“意气”和“神气”的强调，更是表明了这种影响的深广。宗白华说，魏晋的艺术具有浓厚的“玄学的意味”，具有一种“哲学美”。顾恺之的“传神论”的提出与发展，影响了整个魏晋时期的绘画艺术，并为中国其他艺术门类所借鉴。再如，书法家王羲之的《兰亭序帖》，其章法浑然一体，笔锋使转藏露，变化细微，一波三折，创造了一种意语深邃的艺术境界和含蓄而有韵律的意趣，也体现和代表了魏晋时代的精神风韵。

五、开放、包容的艺术表现形式

佛教作为一种外来宗教，在汉代传入我国后逐渐被人们接受，到魏晋南北朝时期已大为盛行。南北朝时，佛教在传播佛理、宣讲教义时，为了

① 辛文：《魏晋玄言诗对中国诗学“传神”说的贡献》，《文化与诗学》，2011年第2期，第213页。

吸引民众也往往借助了种种艺术手段。因此，一些西域、印度传入的佛曲、乐舞杂技等常在寺院中表演流传，并在社会世俗生活中流行，这极大地激发了艺术家的创作灵感。随着佛教的传入，人们的审美意识呈现出开放的形态。

魏晋时期的佛教壁画及石窟造像中，“天宫伎乐”之类空手而舞的舞姿和手势的变化，就是受印度和西域的影响，舞者华丽的服饰，腰部灵活的扭动常作S形也是其特色之一。这与秦汉时期受儒家影响，人物着长袍、长袖，不能显示人的优美体形形成了鲜明的对比。

由此不难看出，魏晋时期人们思想上摆脱了汉代儒学思想、为政治服务的艺术表现形式的束缚，追求个性的解放，以个体为主体的审美意识。因此可以说，魏晋南北朝时期也是最富有艺术精神的一个时代。

六、玄学影响下的美学艺术

魏晋玄学“以无为本”的思想，显然是老庄哲学的一种发挥，它不仅变革了汉代哲学(经学)，而且还为人们在有形的现实世界中敞开了一个空灵通透的“无”的境界。[①]这一境界不仅是中国哲学的一种追求，而且也是中国美学的一种追求，它具有浓厚的审美意味。如谢赫曾在《古画品录》中发表过一个重要见解：“若物以体物，则未见精粹，若取之象外，方厌膏映，可谓微妙也。”谢赫还说：“虽略于形色，颇得神气，笔迹超越，亦有奇观。”

尽管魏晋南北朝的绘画在风格面貌上不同于前代，但可以说中国绘画的审美品格在魏晋南北朝的确立，正是在前代艺术演化基础上的一次变革和飞跃。在社会政治、思想观念和审美风尚交互作用下，中国绘画的审美品格最终得以确立。

第二节　绘画艺术风格的时代流变

谢赫说：史道硕、王微“并师荀卫，各体善能，然王得其细，史传其

① 廖程：《魏晋南北朝玄学对文化的影响》，《东方教育》，2015年第4期，第421页。

真”。魏晋南北朝绘画最重要的一个特点就是“引书入画”。最早引书入画的画家当属卫协，他与张墨在当时并称“画圣”，可见其成就之高和影响之大。张彦远说：“顾骏之师于张墨。”张墨及其后人的演变和发展，逐步形成了“引书入画”的基本格局。

“引书入画”，首先促成了画家顾恺之的成功，并由魏晋人物画家荀勖和张墨将书法笔法对绘画艺术的影响进一步扩展开来。史载，荀勖的人物画十分注重写真，并具有很强的感染力。《历代名画记》曾有这样一个记述：“勖潜画会（钟会）祖父形于壁，会兄弟入门，见之感恸。”但是荀勖（包括张墨）的人物画不仅注重这种“形”的写真如所谓“画形于壁”，而且更加注重“气韵”即神气的表现。

在重气韵、重笔法方面，荀勖、张墨与卫协显然是一脉相承的，并且将“骨法用笔”持续发展。谢赫在《古画品录》中在评荀、张二人时说：“风范气候，极妙参神，但取精灵，遗其骨法，若拘以体物，则未见精粹，若取之象外，方厌膏腴，可谓微妙也。”可见荀勖、张墨的人物画在表现“气韵”上达到了更高的审美境界。

这种境界的形成，一方面与荀勖继承卫协的画风相关；另一方面，则得益于书法艺术。荀勖是大书法家钟爵的外孙。他自幼沿袭家学，不仅精于绘画，而且还擅长书法。

张彦远称赞荀勖“多才艺，善书画”。可以推测，荀勖的人物画可能吸取了书法艺术的“骨法”之妙。顾恺之评论荀勖的人物画“骨趣甚奇”。谢赫在评荀勖时也说：“但取精灵，遗其骨法。”“可见注重“骨法”和“骨趣”构成了荀勖人物画的重要的审美特征，也是魏晋时期优秀人物画家共同具备的艺术风格。

在中国绘画美学中，对于“骨法”的理解主要有两个方面：

1. 通过线条的表达展现绘画对象的人物特征。

2. 通过用笔的力度和法度的协调运用，将笔意的变化与绘画艺术相结合，从另一角度来说就是“书画相济”。

荀勖绘画的“骨法”特征，代表了魏晋绘画风格的转变与创新。这种既注重人物画对象形貌，又渗透着书法的精神意趣，真正做到了“不拘体物”，妙取“象外”。也就是从此开始，“骨法用笔”成为魏晋画家入门的必修课,或者说是专业素养的必备技能,并对而后画家的成长乃至中国绘画史都有着深远的影响。

陆探微人物画线条的特征形成,和他自身受到当时书法艺术的影响有很大关系。陆探微人物画有“一笔画”之美誉,并与东晋书法家王献之的“一笔书”相映成趣,其“线条”气脉还与杜度和张芝等人的草情隶意遥相承接。

陆探微人物画的这种“线条”特征,理所当然会进一步影响到他笔下的人物造型。前文所说的“陆得其骨”,其“骨”的含义一方面可以从线条形态及其力度上来理解,另一方面则应该从人物造型的角度来加以解释。具体来讲,就是陆探微的人物画既不像顾恺之那样神妙无方(“顾得其神”),也不像张僧繇那样丰肉饱满(“张得其肉”),而是注重和讲究“骨体练达”。[①]

所谓“锥刀”者,其实并非指线条形同“锥刀”,而是指线条运用如锥刀刻物,其力也深,其形则锐。这样的线条特征当然就不像顾恺之的“游丝”描(“春蚕吐丝”)那样绵缓、柔韧,而是体现为劲利挺峻的形态。

第三节　陆探微的艺术成就

张怀瓘说:“陆公参灵酌妙,动与神会,笔迹劲利,如锥刀焉。”还说:“夫象人风骨”,“陆得其骨”。由此可以得知,陆探微绘画风格最显著的特点就是线条,他的线条乃是一种内蕴骨力、外呈劲利的视觉效果。

人们常用“秀骨清像”来形容陆探微绘画的艺术风格,我们认为,“秀骨清像”的表述不仅仅是对陆探微绘画风格的诠释,更是魏晋时期社会的审美意识、美学思想、艺术境界、人物品藻的推崇与写照。

一、陆探微绘画的用笔

顾恺之在《魏晋胜流画赞》对骨法用笔与传神之间的关系进行了论述,而陆探微绘画中对“骨法”颇为强调,可见陆探微在传承顾恺之“重气

① 周媛媛:《试析陆探微人物画的造型风格》,《美术界》,2012年第9期,第86页。

韵”“写神精妙”的基础上，对于绘画对象内在精神状态的描绘，对于线条的表达进行了深入的探索，从而形成了独具特色的“骨法用笔”。

陈绶祥先生在他的《魏晋南北朝绘画史》中对“秀骨清像”的美学特征进行了进一步的描述，他指出：“骨”既指瘦形的人面部磊砢而有节目的骨节，又是为人“岩岩若孤松之独立”赖以立形的形体之骸，前者是裸露的，后者是“制衣以慢之”。[①]故身体之“骨”又与飘然翻动的衣衫饰物相表里，或曰身体之“骨”又直接表露于具体衣褶的转折中。可见“秀骨”以“瘦形”作为外在表达，“褒衣博带”的服饰掩映下，士大夫、文人身姿挺拔、超然脱俗，传达了魏晋名士的翩翩风度。可见，魏晋人物画的审美“重于风骨”。

谢赫在《古画品录》提到“骨法用笔”，将其作为“六法”的第二位，仅次于“气韵生动”，足以看出作画时用笔勾勒的重要，谢赫这里的“用笔”只是“骨法”的手段，“骨法”才是绘画的目标，讲的应该是用笔的刚健与遒劲，与绘画风格相关，所谓“夫象物必在于形似，形似须全其骨气”。张彦远认为“骨”应该与“气”相联，作品既要有其外在的风貌，也要有其内在的美学意味，品一画而知自然之气韵、人物之品第。应该说陆探微作品被后世称赞推崇之“骨”，实与“气”相通。

从美学的角度表述，陆探微的画“因心造境”，采取的是一种“以物观物”的态度，将主体的“我”融入客体的物，而后“以手运心”，将胸中之“气”化为笔端之“骨”，运用“骨”的力量将虚无之“气”物化。因而，陆探微绘画在境界与内蕴上呈现出一种“骨”的审美艺术特质。[②]

陆探微艺术语言以“一笔画”为表达方式，而所谓“一笔画”创作并非一笔而成，而是指一种绘画创作概念，即通过简练的线条表现多变的绘画对象，由形到神，从而彰显画家的艺术风格和审美意趣以及美学思想。

宋人郭若虚《图画见闻志》在论陆探微“一笔画”谓：“王献之能为一笔书，陆探微能一笔画，无适一篇之文，一物之像而能一笔可就也。乃自始至终，笔有朝揖，连绵相属，气脉不断。”郭若虚所谓的“气脉不断”，表达的是绘画中形象展现的神韵和笔意，或者是绘画作品与作者绘画技艺融为

① 陈绶祥：《魏晋南北朝绘画史》，人民美术出版社，2000年版，第42页。
② 杨莹：《陆探微绘画美学思想研究》，四川师范大学学位论文，2010年。

一体,形成气韵生动、笔断意连的内在关系。

对于陆探微的"一笔画",宗白华先生是这样评论的:陆探微的"一笔画",并不是如张彦远《历代名画记》中所说的"一笔而成",又或者说,《历代名画记》中针对"一笔书"与"一笔画""一笔而成"的提法,也并非指的是数量上的简单笔画数"一笔",而是与连绵不断之"气"密不可分。宗白华先生的叙述中除了对陆探微"一笔画"进行阐释,同时也陈述了绘画美学中对于画家与其作品的关系的再认识,那就是画家为主体、绘画作品为客体的主客体的相互感应、情感贯通的思想。

这种美学思想与中国哲学思想中对于人与自然的关系的认识,有着密切的关系。或者说来源于中国人对宇宙、对自然、对人的辩证思想。对于魏晋时期的绘画作品而言,"笔墨"是作品的外在表现,而"气脉"则是作者内在思想的体现。陆探微的"一笔画"就是外在造化内化于心再跃然纸上的最好写照。[1]内在的思想意识支撑着作品外在的表现形式,并赋予作品极高的线条张力与绘画语言表达能力,从而构架出了绘画作品的灵魂。

二、陆探微绘画的内在气韵

《历代名画记》卷二《论画体工用榻写》:"顾生首创《维摩诘像》,有清羸示病之容,隐几忘言之状,陆与张皆效之,终不及矣。"从字面上的描述可以看出,"秀"的画风当始于顾恺之,陆探微作为传承顾绘画风格的学生,自然也承袭了"秀"这一画风,不仅是陆,张僧繇等当时的一众画家的画作,皆呈现出魏晋绘画这一个审美特征——"秀"。

秀,这一内涵气韵展现出的第一点为清高自傲,风雅超然。在魏晋时期的,常被作为人物品藻与对人物外貌的描述。如《世说新语·容止》中描绘嵇康曰"身长七尺八寸,风姿特秀。见者叹曰'萧萧肃肃,爽朗清举'"。

由于年湮代远,陆探微的画作已难觅其踪,仅存传为陆探微的画作尚且仍有学术争议的《女史箴图》《竹林七贤与荣启期》镶拼砖画母本。这些画作的作者虽有争议,但作者无论是陆探微本人还是另有其人,可以肯定的是,这些壁画线条大都凝练自如,人物描绘传神,很好地表达出人物的

① 肖瑶:《中国画的线条演变》,天津大学学位论文,2010年。

任性不羁与潇洒飘逸，透露出魏晋时期人物画典型的代表特征——“秀骨清像”。

“竹林七贤”镶拼砖画为南朝帝王陵墓壁画常见的主题，对《竹林七贤与荣启期》壁画的分析，可以视为了解“秀骨清像”画风的切入点。“竹林七贤”中所描绘的七位高士是魏晋时期著名的文人，据《三国志》之《魏书·王集传》注引《魏氏春秋》载：“康寓居河内之山阳县，与之游者，未尝见喜愠之色。与陈留阮籍、河内山涛、河南向秀、籍兄子咸、琅王戎、沛人刘伶相与友善，游于竹林，号为‘七贤’。”七人性格豁达、文采超群，热衷玄学与清谈，崇尚个人价值，其生活方式与生活态度在魏晋时期为社会普遍效法，文学与绘画创作也喜好以“七贤”为对象。

魏晋南北朝时期不少著作中都将“竹林七贤”与荣启期放在一起进行创作。荣启期为春秋时期的名士，虽与“竹林七贤”所处年代相差较远，但其不受礼法之约束、喜好清静无为的性格与“竹林七贤”尤为相似，故而也颇受魏晋名士推崇。

从出土的南朝陵墓壁画可以看出，“竹林七贤与荣启期”是当时十分盛行的创作题材。《历代名画记》记载，陆探微也曾创作过《荣启期》《孔颜图》与《孝武功臣》《竹林像》。其实，在当时图像圣贤的情况屡见不鲜，前文所列举的就有王秀之钦慕宗测，“乃令陆探微画其形与己相对，贻书曰‘昔人有图画侨、札，轻以自方尔’”。

不论南朝时期“竹林七贤与荣启期”题材的壁画作者是谁，可以肯定的是东晋至刘宋时期，以陆探微为代表的“秀骨清像”人物画风格的形成，正是对崇尚玄学、重清谈的六朝士大夫文人形象的生动概括，具有鲜明的时代审美特征。这种审美风尚在当时画坛蔚然成风，并影响到其他艺术创作。如果说“竹林七贤”让我们清楚地看到“秀骨清像”的典型形象和精神气质的话，那么其深层含义自然也就不会背离这个崇尚脱俗与放达的社会意识倾向，与人们审美鉴赏和品藻人物的观念倾向。

秀，这一内涵气韵展现出的第二点为“密体”用笔，画面净洁。《历代名画记》卷二《论顾陆张吴用笔》中云：“顾陆之神不可见其盼际，所谓笔迹周密也。张吴之妙，笔才一二，象已应焉。离披点画，时见缺落，此虽笔不周而意周也。若知画有疏密二体，方可议乎画。”张彦远认为陆探微的画风师于顾恺之，行笔紧细，与顾恺之并称“顾陆”，属“密体”，张僧繇、吴道子属“疏体”，其笔法之佳正在于“秀”。

所谓密体，并非用笔紧致、密不透风，而是指画面内容充实丰富，所画之物实中显虚，虚实相生，浓淡相宜，笔墨运用恰到好处、线条表达性强。从陆探微之师顾恺之的绘画作品可以看出，“密体”的画风不强调色彩渲染，画面讲求干净与静洁，用笔松密有致，凝练简洁，高度概括。有着无限的视觉张力和艺术表现力。

如果说“秀”是画面外在的表现，那“清”则更多的讲究内在意蕴。宗白华先生将中国美学史上的美感分为“错彩镂金”与“芙蓉出水”两种，他说“这两种美感或美的理想，表现在诗歌、绘画、工艺美术等各个方面。楚国的图案、楚辞、汉赋、六朝骈文、颜延之诗、明清瓷器，一直存在到今天的刺绣和京剧的舞台服装是一种美，错彩镂金；雕缋满眼汉代的铜器和陶瓷、王羲之的书法、顾恺之的画、陶潜的诗、宋朝的白瓷，这又是一种美，初发芙蓉，求雕琢，重视自己人格与思想的“清雅”境界。

“清”最初是魏晋人物品藻风气中的重要标准之一，“清”本义有透彻之意，指的是水清。陶渊明《归去来兮辞》云“临清流而赋诗”。多用于指河水清澈明亮之貌。“清白”“清雅”这一含义，最早出现在《离骚》中，所谓“伏清白以死直兮”，《楚辞·渔父》亦云：“举世皆浊，我独清，众人皆醉，我独醒。”

“清”是魏晋时期理想的审美人格、人物品评的一个概念，用自然的自在本性规范人生，清与静，乃绘画风格上的空虚澄明。其内涵也就是通过内心的明净与空明来达到对无限的自然的回归，用以形容品德的完美。如果说之前的人物品藻是在道德领域上面进行的，那么在绘画领域，虚无飘渺的“清”已经融入到画境之中，使得其有最完美与纯粹的体现。“清”在总体上体现的应该是道家精神，相对于传统儒家的仁、义、礼、智、信，道家不讲求繁文缛节，更多的是要求顺应自然、清神静心。为了更好地进行绘画创作，必须先排除心中杂念，进入清明的自然之境，体味玄之又玄之道。[①]

① 杨莹：《陆探微绘画美学思想研究》，四川师范大学硕士学位论文，2010年，第31页。

陆探微绘画中所体现出来的清秀与清雅的审美标准，正是承袭了魏晋玄风的产物。曹植在其《白鹤赋》中有“聆雅琴之清韵”句，随后“清”“雅”等字眼就被运用到了玄谈和人物品藻中去，散发出来的清雅的气度更是充满了玄学的情调。“上古之画，迹简意澹而雅正，顾陆之流是也。中古之画，细密精致而臻丽，展郑之流是也。近代之画，焕烂而求备。今人之画，错乱而无旨，众工之迹是也。”正如张彦远所评价的“迹简意澹而雅正”，陆探微的绘画表现出的是一种超脱俗流的清雅情怀，具有显明浅切的特点。从其“雅正”入手，能看出其审美心境的宽阔，以最简单之笔墨得最真实之风貌。

“清秀”的画境，超越了以往常规的绘画框架，其审美情趣是与作者细腻的情感和敏感的神经分不开的，陆探微所追求的是言有尽而意无穷的雅致、平和的绘画风格，从某种意义上说，这是艺术本真与自然的贴近，也是传统文化中与天地自然相通的哲学观的熏染所致。这也正是历代文人们在陆探微画作面前油然而生的倾慕、赞叹与新奇之感的原因。

第四节　陆探微的艺术影响

一、促进魏晋审美、美学思潮的发展

“秀骨清像”一词，最早见于唐代张彦远《历代名画记》所引张怀瓘对南朝大画家陆探微的评论：“陆公参灵酌妙，动与神会……秀骨清像，似觉生动，令人懔懔然若对神明。”陆的作品早已无存。按照张怀瓘这句颇为形象的评语，去衡量魏晋南北朝时代的造型艺术遗品，“秀骨清像”作为一种标准人物造型和风格，原来出现的比陆探微的时代还早。陆探微师于东晋大画家顾恺之，《历代名画记·卷二·论传授南北时代》记载：陆探微师于东晋大画家顾恺之，而顾恺之首创“清羸未病之容”的维摩诘像，已经就是“秀骨清像”的类型。[①]

① 王玉娜：《从“秀骨清像”说开去——浅议魏晋南北朝审美观的演变及其对中国绘画品格的影响》，《美术教育研究》，2011年第10期，第51页。

从字面上看,“秀骨清像”这个词组本身也是有浓厚的魏晋时代色彩。魏晋时代的贵族士大夫喜欢品藻人物,“清”和“秀”是品藻词汇中最常用的形容词。被作为审美的对象和标准的魏晋士大夫,在陆探微的绘画中,常以“秀骨清像”的形象出现。这种被当时社会公认的“标准的美”,主要表现在肤白与清瘦文弱。于是,“秀骨清像”又多了一层含义,就是近似于“病态”的一种美。

魏晋南北朝人物画“秀骨清像”的风格在各种艺术形式的人物形象的塑造上均被广泛认可与运用,在这种审美风尚的影响下,我们还可以从陆探微师承的顾恺之的人物画与刘宋壁画人像上,深入体会“秀骨清像”虽显文弱却饱含气度神韵的艺术形象。

再如顾恺之首创《维摩诘像》,曾轰动一时,除因画得精彩,“光照一寺”外,恐怕和维摩诘“有清夜示病之容”恰好符合时尚,很好地诠释了魏晋时代士大夫独特的修养与气质有关。魏晋时期,儒学、道家学说、玄学与佛学等思潮相互交织、发展,既有相斥,亦有相融。这些思想,被艺术家通过绘画的技法,表达于绘画作品中,代表着当时社会的审美风尚与思潮。陆探微绘画以人物、佛教题材为主,绘画中除技法精湛外,在佛学禅境的表达上也技高一筹。他绘画中禅境的表达往往营造一种气韵生动中蕴含着无限的寂静,流露出高风绝尘的禅意。如《竹林七贤》壁画中人物的布局、山水、树木的环境营造,都透露出静谧闲适的自然景致以及人物寄情山林,追求人性解放的生活方式。除此之外,陆探微对这一禅境的表现又以绘画上“清像”的体现最为纯粹和完美,这不仅是对绘画艺术精神的创新,也牢牢地抓住了魏晋南北朝崇尚自然的审美本质。

二、促进其他艺术形式的发展

魏晋南北朝时佛教造像面带宗教性微笑,更以一种神密而充沛的精神力量,弥补了体型外观的清瘦。这种艺术风格主要出现并流行于南北朝的中晚期,尤其盛行于北魏皇家开凿的石窟造像中。然而,这种造像风格的创造者不是佛像雕塑家也不是佛教高僧,如果要追根溯源,“秀骨清像”风格最早的造像应当是在南朝的都城——建康(今江苏南京),因为陆探微的“秀骨清像”是从宫廷绘画开始的,是南朝宋明帝时的皇家宫廷画师陆探微他笔下的人物形象。[1]

唐代的画家进一步描述了“秀骨清像”的特色，即以“瘦形”而骨气洞达、风度翩翩为特征，他认为：“‘骨’既指‘瘦形’的人面部瘦削的骨节，又是为人‘岩岩若孤松之独立’赖以立形的形体之‘骸’，前者是裸露的，后者是‘制衣以幔之’的。故身体之‘骨’又与飘然翻动的衣衫饰物相表里，或曰身体之‘骨’又直接表露于具体衣褶的转折中。”换言之，“秀骨清像”最初是一种宫廷画家的绘画风格，他以削瘦与骨节为基本体型，配以南朝文人随风飘动的宽袖衣袍，表现人物洒脱、超凡的神态与气度。

尽管“秀骨清像”是一种宫廷画家的绘画风格，目的是为了表达世俗文人生活面貌和精神追求，但是，这种艺术风格却很快在北魏的佛教石窟和鎏金铜像作品中显现出来，成为那个时代佛教造像的基本特征和风格——北魏时期的造像风格。

最典型的佛教造像是甘肃的炳灵寺石窟的佛像，它除了身材修长，脸型削瘦的特征外，更突出了“锥刀般”刚劲有力的“风骨”。这些佛像的服饰和脸部的线条呈直线形，大有刀削般的效果，显得刚健有力。

正如唐代张怀瓘在《画断》中对陆探微画风的评价一样：“笔迹劲利，如锥刀焉”。这种造像特征相似的鎏金铜像有现收藏于法国巴黎的高美博物馆的释迦、多宝二佛并坐像，为北魏时期的作品。佛陀为削肩长脸，尖鼻细眼，宽大衣袖和飘动衣带更衬托出佛陀瘦骨嶙嶙的体型，然而却又能够深刻感受到其中筋骨的刚健挺拔。

然而，南朝的佛教造像能够流传至今的作品却十分稀少，目前残留下来的南朝佛教造像只有南京的栖霞山石窟、浙江新昌宝相寺大佛、四川成都的西安路出土的佛教造像和万佛寺出土的佛教造像。虽然在南北朝时期的不同地区，秀骨清像的佛教造像的表现形式略有不同，炳灵寺的造像似刀削般的刚健，麦积山的造像柔和俊美，云冈、龙门的造像保留着鲜卑民族的粗犷和强悍。但无论怎样，它们都具有狭长的脸型和清瘦的身材，与中国传统文化中的“道家风骨”的表现方式有着相似的意境和相似的风

---

① 林伟：《“秀骨清像”中的玄学“风度”——从佛教造像看魏晋玄学对佛教思想的影响》，《江苏社会科学》，2007年第1期，第19页。

度。[1]从表面上看来，陆探微的宫廷画风与佛教造像之间似乎没有必然的联系。但是他们却在特定的历史时期、特定的文化背景下发生了相应的联系。

另一方面，在东晋和南北朝时期，不仅佛教的译经、注疏与老庄、玄学有着千丝万缕的关系，甚至佛教名僧们的言行举止也表现出老庄道家的风格与气度。当时的般若学的名僧在举手投足间都显现出与玄学名士的和谐与相似。侯外庐在《中国思想通史》指出："两晋的义学高僧，往往是清谈人物，他们的风姿、言论、行径、交游，无不习染着当时的时代气氛，在这一气氛中，使他们离开宗教的仪式远些，而接近于玄学中'玉柄麈尾'的仪式。"

清谈风气引发了人们对般若学的重要经典《维摩诘经》的热情。东晋时期，维摩诘成为文人士大夫的追捧对象。[2]佛教徒们通过《维摩诘经》阐述了大乘佛教的"现于涅而不断世俗""不断烦恼而入涅"的基本观点，而且通过对维摩诘的日常生活描述提供了一个佛教居士的生活范本——在享受荣华富贵的世俗生活的同时达到涅槃解脱的境界。即："虽为白衣，奉持沙门清净律行；虽处居家，不著三界；示有妻子，常修梵行；现有眷属，常乐远离；虽服宝饰而以相好严身；虽复饮食而以禅悦为昧。若至博奕、戏处辄以度人；受诸异道不毁正信；虽明世典常乐佛法；……虽获俗利不以喜悦；游诸四衢饶益众生；入治正法救护一切；入讲论处导以大乘；入诸学堂诱开童蒙。入诸淫舍示欲之过；入诸酒肆能立其志。"所以，虽然维摩诘是过着十足的世俗贵族生活的在家居士，他与世间俗人一样的敛财、嫖赌和结交权贵，却视财富为"无常"，虽身处声色犬马的环境，却"远离五欲浊泥"，是一个在早已达到了大乘菩萨的精神境界的菩萨，只不过是以上流社会的贵族身份出现于世俗社会，借助地位和财富教化众生。作为"善权方便"的典型，维摩诘的行为为佛教理论中"出家"与"在家"、"世间"与"出世间"、"苦修"与"享乐"这些截然对立的关系中找到了一种调和的方法。

---

① 郭文：《从佛国到凡尘——中国汉地观音造像的形态嬗变与世俗化进程研究》，青岛大学学位论文，2009年。

② 王霞《"秀骨清像"、"褒衣博带"——论北魏石窟汉化造像样式的确立及成因》，《南京艺术学院报(美术与设计版)》，2012年第6期，第96页。

《维摩诘经》的理论使得广大中国佛教信徒能够走出抉择的尴尬，他们在信仰佛教的同时，始终面临着出家修行的宗教信仰与儒家的社会价值观、官场荣耀与自然山水、佛教教义与尽忠尽孝的伦理标准之间的选择和放弃。维摩诘这种既能够居家尽孝尽责，又能够信佛修行，既能够享受快乐又能够成佛解脱的佛教实践方式当然受到了广大信徒尤其是社会的富裕阶层和士大夫们的欢迎。所以，《维摩诘经》的观点不仅是受到了南朝士大夫的青睐，而且维摩诘的佛教居士形象也受到了南朝士大夫的关注。于是，维摩诘的形象成为艺术家的创作对象。如果说顾恺之通过绘画把南方士大夫的心态用瘦弱、潇洒并略带病容的清秀形象借助于维摩诘的形象传神地表达出来了，那么，陆探微则将这种"清秀"风格加入了如"锥刀般"刚劲有力的道家"风骨"，使得佛教造像中的形象不仅具有清秀俊美的南方士大夫的形态，又有道家神仙的超凡脱俗的气质，被誉为"秀骨清像"。

如前所述，玄学与佛教般若学在各自的需求中走到一起来，并在交流中互相融合，当然，此时的玄学势力远比般若学强大得多，使得佛教中国化的轨迹更多地朝玄学方向偏离，导致佛教理论在中国形成"六家七宗"的玄学特色，并将这种理论上的玄风带入了佛教造像的艺术创造中，使得佛陀形象也要体现这种玄学精神——道家的气质。以至于虽然陆探微没有留下他的绘画遗迹，但却能在佛教造像的大本营——敦煌莫高窟、炳灵寺石窟、麦积山石窟、云冈石窟、龙门石窟以及大量的佛教石雕、鎏金铜像的佛陀、菩萨形象中看到这种"秀骨清像"风格。[1]尽管陆探微不是一个佛教思想的诠释者，他的绘画风格也不是为佛教造像度身定做的。但是，佛教思想与玄学理论的"联姻"过程，通过佛教造像的"秀骨清像"风格被形象地、艺术地再现出来。"秀骨清像"风格佛像的出现，表明佛教造像带来的西域风采已经成为历史，代之而起的是道家的神韵和玄学名士的气质，同时，也预示着佛教中国化的进一步展开。[2]

① 林伟：《"秀骨清像"中的玄学"风度"——从佛教造像看魏晋玄学对佛教思想的影响》，同前，第19页。
② 王霞：《中国北魏石窟造像样式的汉化研究》，苏州大学学位论文，2011年。

第五章 关于陆探微时代的美术史迹

唐代张彦远在《历代名画记》一书中曾著录陆探微70多种画作，可惜已无一流传下来。其实非独陆探微使然，与陆探微同被誉为六朝三大画家的另两家顾恺之、张僧繇亦然。至若唐代张怀瓘所谓“张（僧繇）得其肉，顾（恺之）得其神，陆（探微）得其骨”云云，则未免使人徒兴瞽人摸象之叹。所幸陆探微作为宫廷画家奉命绘制诸多画作的建康都会，存留的若干陆探微时代的伟大艺术巨迹，至今犹为人们流连追怀。其中，对《竹林七贤》镶拼砖画的认识与见解前文多有述及，故这里仅涉及笔者近年来从考古学术史层面对南朝陵墓神道石刻与南京栖霞山千佛崖南朝窟像这两种陆探微时代的美术遗存的思考，希望藉此使广大美术爱好者亦能别具只眼地切入理性视角，更加真切地感受5世纪至6世纪中国南方精美瑰丽的造型艺术。

第一节 对南朝陵墓神道石刻研究的回顾与反思

六朝时期，由于黄河流域持续战乱，大量生产人口和先进技术相继南徙，使得南方经济得到迅速开发，并有力促进推动了文化艺术的兴盛和发达。作为六朝造型艺术杰出代表的南朝陵墓神道石刻，在承继汉魏石雕艺术作风的基础上，积极借鉴、汲取中原北方和海外艺术的文化内涵，获得了重大发展，其雕刻手法渐趋精丽细致，在保持了汉魏雕塑特有的雄浑拙厚的恢宏气度之外，又以极其丰富的凹凸有致的曲线构成，展现出矫健灵动与典雅秀丽完美融合的时代精神，充溢着内在的坚实力量和旺盛的活力，堪称中国雕塑史上承前启后的经典之作。

对南朝陵墓神道石刻进行整体的调查与研究，始于曾任上海徐家汇司铎的张璜，他于1923年以法文撰成的《梁代陵墓考》(Tombeau Des Liang)一书[①]，可谓这一领域的开山之作；继有朱希祖、朱偰、滕固、罗香林等学者，而汇此诸人之手的《六朝陵墓调查报告》[②]，则堪称这一领域的集大成之作。近数十年来，随着六朝考古工作的蓬勃开展，有关南朝陵墓神道石刻的新发现与研究成果更是层出不穷。在此基础上，为了充分阐扬南朝陵墓神道石刻所蕴涵的历史价值、艺术价值与科技价值，对近百年来的相关研究成果作一番总结回顾，以便为今后的研究和保护工作提供参照，是很有必要的。

一、南朝陵墓神道石刻的称谓与艺术源流

所谓"神道"，意为墓路，而神道石刻即设立于神道两侧作为陵墓标志的石刻。在帝王陵墓封土前的平地上开辟神道，并在神道两侧对称列置石刻，至南北朝时期已发展成为固定的埋葬制度。综合文献记载和实地调查的情形来看，南朝陵墓神道石刻的排列组合既有作石兽1对、石柱1对、石碑1对的3种6件之制，如梁临川靖惠王萧宏墓；也有作石兽1对、石柱1对、石碑2对的3种8件之制，如梁安成康王萧秀墓和梁始兴忠武王萧憺墓，还有仅作1对石兽或1对石柱的[③]，如南京栖霞区尧化门北家边萧梁宗室(一说为南平元襄王萧伟)墓。

(一) 石兽

南朝陵墓前的神道石兽均是成对配置，不论形体大小，皆昂首挺胸，张口露齿，腹侧饰双翼，造型夸张适度。其中，帝陵前的石兽，头顶有独角或双角之分，长须垂胸，四肢前后交错作行进状，体表雕饰繁缛华丽，体态

---

① 张璜著、李卓译、廖德勤复勘、叶恭绰删订：《梁代陵墓考》，1930年上海土山湾书局铅印本。

② 朱希祖、滕固：《六朝陵墓调查报告》，1935年中央古物保管委员会铅印本。

③ 以往的调查及相关著述通常认为，南朝陵墓神道石刻组合依次为石兽、石柱、石碑各一对，共计三种六件，但凡少于这三种六件的，往往都被认为是后来毁佚损失所致。但据《隋书·礼仪三》有云："(天监)六年，申明葬制，凡墓不得造石人兽碑，唯听作石柱，记名位而已。"2002年10月至12月，南京市文物研究所对南京栖霞区北家边南朝神道石柱所在区域以及石柱以北至墓室玄宫的约1000米范围内进行了考古勘探，除了新发现一对土筑砖甃的墓阙外，并未发现曾设置神道石兽或石碑的痕迹。由此可证栖霞区北家边南朝墓的神道上原本仅有一对石柱，并无其他石刻。至于梁安成康王萧秀、始兴忠武王萧憺、临川靖惠王萧宏、吴平忠侯萧景墓前神道两侧作三种六件或三种八件的石刻组合，则应是出自朝廷特赐。

健劲灵动，韵律感十足；王侯墓前的石兽，头顶无角，鬃毛下披，显得头部硕大无朋，长舌多外垂至胸际，舌尖微卷，体态雄浑壮硕，气势威猛。

这些石兽的称谓，历来众说纷纭。朱希祖在其《天禄辟邪考》一文[①]中认为南朝帝陵前的独角石兽为“天禄”，两角石兽为“辟邪”，并将它们总称为“桃拔”，称王侯墓前的无角石兽名为“符拔”或“扶拔”，与“桃拔”同类。然而在其《六朝陵墓调查报告书》中，也仍还是循俗将帝陵前的有角石兽统称为“麒麟”，将王侯墓前的无角石兽称为“辟邪”[②]。

朱偰《建康兰陵六朝陵墓图考》[③]则以独角石兽为麒麟，双角石兽为天禄，无角石兽为辟邪。此一观点流传最广，姚迁、古兵编《南朝陵墓石刻》以及罗宗真《六朝陵墓及其石刻》皆沿袭之[④]。

林树中《南朝陵墓雕刻》对朱偰所云不以为然，而基本认同朱希祖的观点，只是认为朱希祖将无角石兽称为“桃拔”有不够通俗之弊[⑤]。

刘敦桢主编《中国古代建筑史》认为南朝帝陵前用麒麟，贵族墓前用辟邪[⑥]，杨宽《中国古代陵寝制度史研究》从其说[⑦]，显然仍是受朱希祖《六朝陵墓调查报告书》的影响。

由于南朝陵墓神道石兽是根据人们的想象创造出来的瑞兽，在现实生活中并不存在，故为之正名，还需从文献记载入手加以考察，但由于各人对文献的理解不尽相同，歧议纷纷在所难免。但即便是早期的文献，对南朝神道石兽的命名，也多有混淆，如《梁书》卷三《武帝纪》叙梁文帝建陵石兽震动事时，称之为“石骐驎”，然同一史事，《南史》卷七却写作“石辟邪”；《隋书·五行志》记建陵石兽名为“石骐驎”，但同书记其他事件时却又称之为“辟邪”。《梁书》《南史》《隋书》皆出唐人之手，可见至迟到唐朝，人们对天禄、辟邪在概念上的理解与形象上的认识已经含糊不清了，至于

① 朱希祖、滕固：《六朝陵墓调查报告》，同前，第198页。

② 参见朱希祖、滕固：《六朝陵墓调查报告》，同前，第1—90页。

③ 朱偰：《建康兰陵六朝陵墓图考》，1936年商务印书馆铅印本，第9、10页。

④ 参见姚迁、古兵编：《南朝陵墓石刻》，文物出版社，1981年版，第2页；罗宗真《六朝陵墓及其石刻》，《南京博物院集刊》1979年第1辑，第92页。

⑤ 林树中：《南朝陵墓雕刻》，人民美术出版社，1983年版，第48页。

⑥ 刘敦桢主编：《中国古代建筑史》（第二版），中国建筑工业出版社，1984年版，第102页。

⑦ 杨宽：《中国古代陵寝制度史研究》，上海人民出版社，2003年版，第46、47页。

《旧唐书·礼仪志》载梁大同年间梁武帝萧衍拜谒建陵时，对身边侍臣说："陵阴石虎与门俱创二十余年，恨小，可更造碑、石柱、麟。"此同一段话中，既称"石虎"，又称为"麟"，真令人有莫衷一是之感。这样一来，出于南朝史学家萧子显所撰《南齐书》卷二二《豫章文献王嶷传》中有关刘宋文帝长宁陵神道石兽称谓的记载便显得极为重要了，该段文献不仅称长宁陵石兽为"骐驎"，并云及"后诸帝王陵皆模范而莫及"，据此，将南朝帝陵前的石兽统称为麒麟似无不妥。

南朝王侯墓前的神道石兽，外形似雄狮，狮子为佛教中的护法神，有辟除邪祟之功，而"辟邪"一词，见《急就篇》卷三，与"除群凶"连言，本来也有袪除邪魅之意，这样看来，将南朝王侯墓前的狮形石兽称为辟邪似亦无不可。但从出土的实物形象来看，所谓辟邪与南朝王侯墓前的无角狮形石兽其实在外形上还是有很大区别的，如浙江漓渚出土一面东汉神兽纹铜镜上，模铸有一独角虎形兽，其旁铸有"辟邪"铭款[①]。再如，东汉时期，分列神道两侧作独角、双角的翼兽形象亦已逐渐定型，从文献记载河南南阳东汉墓前石兽自铭来看，也是天禄、辟邪或麒麟、辟邪的组合。而《后汉书·西域传》关于"有桃拔、狮子、犀牛"的孟康注疏亦云："挑拔一名符拔，似鹿，长尾。一角者为天鹿，两角者或为辟邪。"因此，将南朝王侯墓前的无角石兽定名为"辟邪"，在实物形象乃至文献记载上，委实都没有可堪比照的依据，因而是不确切的。

图9　梁吴平忠侯萧景墓石兽

① 孙机：《镇江文物精华笔谈——石兽》，《中国历史博物馆馆刊》总第9期，第27页。

南朝陵墓神道石兽的艺术源流长期以来是一个非常引人瞩目的问题。滕固《六朝陵墓石迹述略》认为，以天禄、辟邪为代表的有翼神兽形象在六朝时期已经"十足的中国化"，但其出现当更早，可追溯到战国两汉，渊源是古代亚述地区的艺术，类似主题也见于塞种和大夏，以及古希腊和印度的艺术[①]。此种观点显然受到了西方学者关于中国天禄、辟邪与西方艺术中的格里芬(Griffin)相似的观点的影响，在当时的时代背景下显得十分大胆突兀，被引为"海外奇谈"，自然不大可能为国人所接受。与之同时，朱希祖对类似问题的看法则颇有保留，他引中国古书中的"如虎添翼"说，并征引《山海经》中有关带翼神怪的特征描述，认为这类形象其实在中国非常古老，但究竟是"吾国固有之遗风，抑外国传来之新范"，却仍然很难断定[②]。

然而至20世纪50年代后，这一很有意义的学术问题的探讨，由于受极左思潮的干扰，一度众口一词，令人大感乏味，大家都极力否认或者回避有翼神兽的西方因素，恕不一一列举。不可否认，这种惯性思维至今仍然有着较为广泛的影响，如杨泓《丹阳南朝陵墓石刻》一文认为："南朝陵墓前的神道石兽……过去有人看到它那肩生双翼的形貌，认为颇有西亚北非古文明中有翼兽雕刻的味道，其实它完全是中国古文明的结晶。我们只要去看一下河北平山战国时期中山王陵出土的错金银有翼神兽，自会寻出南朝陵墓石雕形貌的渊源所在。"[③]但实际上，中山在战国时是个被诸夏包围的白狄国家，故而它的器物既有三晋风格，又有草原影响，中山王墓出土的4件可能用来镇席的错金银有翼神兽，就具有浓郁的草原风格。对此，李学勤更是径自推测其是从草原传入的格里芬[④]，当是半个多世纪以前滕固思路的延续，也标志着天禄、辟邪艺术源流外来说的再度被激活。格里芬原是闪语词汇，后来被所有欧洲语系采用。它起源于两河流域，然后向四方传播，是古代最国际化的艺术母题。希罗多德说塞人的东面住着Arimaspi人，他们杀死看守黄金的格里芬，然后夺走黄金，所以

① 朱希祖、滕固：《六朝陵墓调查报告》，同前，第84页。

② 朱希祖：《天禄辟邪考》，见载朱希祖、滕固《六朝陵墓调查报告》，同前，第197页。

③ 载杨泓、孙机：《寻常的精致》，辽宁教育出版社，1996年版，第155页。

④ 李学勤：《虎噬鹿器座与有翼神兽》，载《比较考古学随笔》，广西师范大学出版社，1997年版，第84页。

西方人以格里芬看守银行或当作建筑守护神。狭义的格里芬是鹰首狮身形象,带翼狮和带翼羊则是其变形。

（二）石柱

南朝陵墓神道石柱的称谓,史籍所见极为丰富,有称之为“标”者,如《宋书·五行志》:“元嘉十四年,震初宁陵口标,四破至地……孝武帝大明七年,风吹初宁陵隧口左标折。”《后汉书·光武十五·中山简王焉传》:“大为修冢茔,开神道。”李贤注:“墓前开道,建石柱以为标,谓之神道。”此之谓“标”,宜有神道入口处标志之意。有称为“表阙”或“阙”的,如《南齐书·豫章文献王嶷传》:“上数幸嶷第。宋长宁陵隧道出第前路,上曰:‘我便是入他冢墓内寻人。’乃徙其表阙、骐驎于东岗上。骐驎及阙,形势甚巧,宋孝武帝于襄阳致之,后诸帝五陵皆模范而莫及也。”有称为“表”的,如《宋书·礼志二》载晋武帝咸宁四年(公元278年)诏。有径自称为“石柱”的,如《封氏见闻记》卷六《羊虎》:“然则墓前石人、石兽、石柱之属,自汉代而有之矣”;宋人张敦颐《六朝事迹编类》卷一三转述道:“……《蒋山图经》云,在县东北二十里,政和年间,有人于蒋庙侧得一石柱,题云‘初宁陵东北隅’,以此考之,其坟当去蒋庙不远。”但从所题文字内容来看,此石柱倒更可能是初宁陵界石,而非神道石柱。

如果说南朝陵墓神道石兽由于等级不同在造型上还有所区别的话,那么南朝陵墓神道石柱除了体量大小有别外,在形制上则单纯得多。南朝陵墓神道石柱例以柱座、柱身、柱头三部分构成,柱头包括装饰有覆莲的圆盖和伫立在盖顶部的小石兽;柱身圆形,雕刻隐陷直刳棱纹20至28道不等,柱身上方近莲盖处,凿成矩形石版,上刻朝代、墓主官职、谥号等文字,文字或正书或反书、或顺读或逆读,方版下依次雕神兽纹、绳辫纹和双龙纹;柱座上圆下方,上为头部相连、尾部相交、口含宝珠的双螭围成的环状榫孔,下为方形基座,基座四面刻神怪形象的浮雕。

图10 梁吴平忠侯萧景墓石柱

民国时期，以滕固、朱偰为代表的一批学者，将南朝陵墓神道石柱柱身所刻隐陷直刳棱纹的艺术源头追溯到了希腊式石柱，是很有见地的[①]。起源于古希腊的柱式主要有3种样式，即有24条浅纵凹槽的多里亚式(Doric)、科林斯式(Corinthian)和爱奥尼亚式(Ionic)，这3种柱式曾对东方国家的建筑艺术产生过深远影响。另一方面，印度阿育王时代的遗址曾出土石雕的柱头和柱身共30多处，柱头顶上亦置莲花形盘座，上有圆盖，盖上伫立石狮、牛或其他动物形象，较之南朝陵墓神道石柱的形制颇为相似。

然而，自20世纪五六十年代以来，国内学者普遍认为，在柱身纵刻刳棱纹、顶托方版的神道石柱，早在汉代就已出现，如北京石景山上庄村发现的汉幽州书佐秦君神道石柱、山东历城出土汉琅琊相刘君石柱、洛阳西晋韩寿神道石柱等，因而认为南朝陵墓道石柱与希腊式石柱毫无关系[②]。

近来，有一种观点，认为南朝陵墓神道石柱是因循东晋陵墓地表所立以木材和竹子做成的“凶门柏历”而来[③]。所谓“凶门柏历”，即先以许多圆木聚合成圆柱形，外部用刳成两半的竹片背面反贴于柱身，并以大绳束缚，下半截再插入基座内，使其不致散乱倾倒。故南朝陵墓神道石柱柱身隐陷的纵刳棱纹，应即为模拟的束竹纹。类似的论调在杨泓《丹阳南朝陵墓石刻》一文中也有所反映，他认为“汉晋至南朝的神道石柱形制仿自传统的木表柱，其上所刻纵凹楞纹，也是仿自原来木柱的外貌而形成。……至于柱上的纹饰，原来源于中国传统的木柱的一种，即仿自束竹柱的外貌。……束竹柱外表因是以小材围绕芯材而成，故形成美观的纵凹凸的楞线，又在柱体上绑缚有多道加固的绳索，所以仿束竹柱的石柱体上面，同样刻出上下多道绹索纹。从上面的分析，可以明确地说，南朝的神道石柱正是承袭汉晋文化传统的作品，其造型风格完全显示着中国古代文明的民族特征”[④]。但问题是，即便是汉代的造型艺术，也不乏来自域外的深

---

① 滕固：《六朝陵墓石迹述略》，载朱希祖、滕固《六朝陵墓调查报告》，第74页；朱偰《建康兰陵六朝陵墓图考》，第6页。悉同前。

② 杨泓：《丹阳南朝陵墓石刻》，载杨泓、孙机《寻常的精致》，同前，第153页。

③ 何汉南：《南朝陵墓石柱的来历》，《文博》1992年第1期。

④ 杨泓、孙机：《寻常的精致》，同前，第154页。

刻影响,如近年中原地区出土的建筑明器上所见形貌完整的希腊爱奥尼亚式柱(Ionic)便是极好的例证。而且,南朝陵墓神道石柱顶端具有明显印度阿育王时代风格特征的圆莲盖承石兽的形制,莫非也可以从汉代以来简陋的束竹柱上找到源头吗?众所周知,即便是纹饰的传播,也不可能轻易脱离其所属本体如天马行空般地自由来往,更何况是如此体量宏大、形象鲜明、功能明确的礼制用具呢?

文化不是纯种马。南朝陵墓神道石柱在形制上远承希腊乃至古印度柱式,恰恰凸显了中国传统文化海纳百川般的包容与博大。文化只有不断融入新的元素,才会焕发出勃勃生机和活力,以此来观照南朝陵墓神道石柱中的域外因素,只会愈加生发出对中国古代艺术的景仰之情。

南朝时期佛教大盛,表现在神道石柱上,除了顶端所置圆莲盖外,还有莲盖下矩形方版两侧阴刻莲花等图案,但由于这类图像线条浅细,加之距地面较高,目力难及,不易察见,长期以来并未引起注意。20世纪50年代,南京市文物保管委员会在对南京附近的南朝陵墓神道石刻进行维修时,在梁吴平忠侯萧景墓神道石柱方版一侧,发现一刻画袒肩跣足执花叶僧人形象的阴线画,由于其制作时代确切无疑,堪称江南现有艺术史价值最高的佛画。画面构图疏朗传神,人物造型亦具"面短"特点,故阮荣春认为符合萧梁时期著名画家张僧繇"疏体"画法特征,但进一步推测此图即张僧繇前期手笔[①]则显然有欠考虑。

(三)*石碑*

南朝陵墓神道石碑,形制完整者仅有四通,皆为萧梁一朝遗物,分碑额、碑身和下承碑身的龟趺三部分。碑首半圆形,外侧圆脊两侧浮雕相互交结成辫形的双龙;碑首正中有略凸出的方额,上题刻墓主官职、谥号等内容,额下有穿。其形式大体承自东汉碑石,与神道石兽与石柱相比,是具有中国民族特色的一种遗物。

萧梁神道碑铭文在书法史上颇受重视,如现存2800余字的始兴忠武王萧憺碑,以结体峻密、意象雄强而被晚清金石学者莫友芝在其《宋元旧本书经眼录》中评誉为"上承钟(繇)王(羲之)、下开欧(阳询)薛(嗣昌)",

① 阮荣春:《梁代〈擎花比丘图〉与张僧繇画风》,《考古与文物》1988年第4期。

图11　梁吴平忠侯萧景墓神道石柱方版侧面刻画的擎花僧人形象

近代著名学者梁启超《碑帖跋》更以“南派代表端推此碑”的赞誉表达了对此碑书法艺术的推崇。

但近年来引起学术界关注的反倒是碑文漫漶至不存一字的临川靖惠王萧宏碑，此碑碑首之阴与碑身两侧纹饰繁丽诡异，令人瞩目，但以往对这些图纹的性质认识不够充分，往往笼统地将之归结为中国本土固有的神怪形象乃至朱雀、凤凰、螭龙等艺术造型。有学者识出，此碑碑额（实为碑首之阴）中央为一花盘，圆穿即为花心，两旁双龙拱卫；下部莲座上有摩尼宝珠，左右各有一尊曲腿伸臂、瞠目张口、肩生火焰的胡天神。上述图像中，饰以莲花瓣的火坛与近年来发现的北周安伽墓墓室门额上刻画的火坛造型相似，而且火坛和左右下方神像的构图布局等也可以在安伽墓门额画像上见到，而安伽墓门额画像鲜明的祆教主题，寓示着萧宏墓碑额之阴的图纹也反映了相同的祆教主题[①]。萧宏碑额之阴刻画圣火之上的神像头顶部还有一不明物，有人认为是神像“高举一只弩弓”，也有认为是祆教法器，或是某种与神格有关的域外文字符，类似于汉画像石上的题识[②]。值得注意的是，生前官丹阳尹的萧宏在梁武帝诸兄弟中，以喜聚敛钱财并富可敌国而著称。与之相应的是，信奉祆教的粟特商人早在南北朝后期，已经成为活跃在丝绸之路上的重要经济乃至政治力量。如果基于这样的认识，那么，萧宏的巨额财富与其神道碑上富于祆教色彩的图像有何内在联系，是很值得留意的。

二、南朝失考陵墓神道石刻归属研究

据梁白泉主编《南京的六朝石刻》第三章《六朝石刻在南京的遗存现状》截至1997年底的统计，分布在江苏境内（南京、丹阳、句容三地）的南朝陵墓神道石刻共计33处共85件，这一统计是据考古调查记录又经现场调查验证并补入近年来的新发现而得出的数据，应是比较详细的了。但据笔者所知见，犹有不足，摭之如下：其一，南京市博物馆旧存一断为二截的神道石柱，方版铭文漫漶无存，并失顶部圆莲盖和底部柱座，大体与江宁

① 施安昌：《南朝梁萧宏墓碑考》，载氏著《善本碑帖论集》，紫禁城出版社，2002年版，第390—397页。
② 同上。

图12　梁临川靖惠王萧宏神道碑阴刻画的祆教图纹

上坊乡耿岗村的失考南朝神道石柱相若，形制较小，系于20世纪70年代发现于南京江宁区东善桥附近；其二，是原位于南京冶山西南卞公祠的东晋名将卞壸墓碣，该墓碣上的刻铭传为宋代叶清臣所书[1]，但墓碣本身却是以一根硕大粗壮的南朝神道石柱磨出光平的刻面后改制而成，柱身原先通体所刻的24道纵刳棱纹尚清晰可见；其三，2000年前后，笔者在参加明岐阳王李文忠墓园环境整治时，在墓园堆放杂物的管理用房内发现一件有翼的南朝神道石兽，石兽长约1.65米，残高0.80米，其尾部与四肢及头部下颌以上部位均缺失，通体风化极甚，胸部鼓凸，隐约可见向两侧伸展的卷翎纹，短翼，翼膊可见阴刻羽纹，与栖霞区燕子矶镇太平村及江宁区麒麟门灵山出土的失考南朝石兽规制相仿，当属王侯墓前的狮形石兽。已运送至南京市博物馆保存。其四，2007年秋，笔者与镇江博物馆的霍强同志在丹阳荆林三城巷梁武帝萧衍与郗皇后合葬之修陵北侧发现一对南朝神道石柱，柱身顶部损毁佚失，柱座经水泥修补，此可见其已为当地文物职能部门发现并已受到保护，但迄未经著录。石柱形制纤小细弱，推测其时代当为梁末或更晚一些。其五，2009年8月，南京栖霞区文物工

① 刘诗：《叶清臣与卞壸墓碣》，《南京史志》1992年第6期。

作者管秋慧同志在江宁麒麟镇东南约四五百米处的麒麟山庄发现一件有翼的南朝神道石兽，石兽长约1.28米，宽约0.40米，其尾部与四肢均残损，风化极甚，底部尚存长方形石座遗迹，与栖霞区燕子矶镇太平村、江宁区麒麟门灵山出土的失考南朝石兽规制相仿，惟更为小巧。当属王侯墓前的狮形石兽。此外，近年在栖霞区晨光村附近还曾发现过一件南朝时期的石龟趺，形制与南京萧梁王侯贵族墓前承置神道石碑的龟趺相符，惜已遭施工填埋。以上六例，皆出笔者目察亲验，至于其他遗失天壤间的南朝陵墓神道石刻恐还有一定数量，有待再作进一步的调查搜访。

现存南朝陵墓神道石刻的数量固然不少，但根据神道碑文、石柱方版上的刻铭或出土墓志而能确认墓主人的，却只有萧梁一朝的文帝萧顺之、桂阳简王萧融及其嗣子萧象、安成康王萧秀及其子、始兴忠武王萧憺、吴平忠侯萧景、临川靖惠王萧宏、新渝宽侯萧暎、建安敏侯萧正立、南康郡王萧绩等9处共44件，尚不及已知南朝陵墓神道石刻的半数。围绕部分失考南朝陵墓神道石刻的归属问题，中外学者做了大量辨妄析疑的考订工作，其中有的问题越辨越明晰，得到了多数专家学者的认同，几已达成共识，但有的意见却一直相持不下，如位于栖霞区靠近栖霞寺的狮子冲有翼石兽，究属宋文帝刘义隆长宁陵抑或陈文帝陈蒨永宁陵乃至梁昭明太子萧统墓所有？其间的歧异竟达百年。但无论如何，这种学术上的争论，在客观上促进了学术界对南朝陵墓制度乃至六朝礼制文化的认识，有力地推动进而将相关学术问题的研究导向深入，却是有目共睹的。

（一）南京江宁区麒麟镇麒麟铺石刻

现存石兽一对，夹路相向，间距23.4米。1956年曾加整修，从原本相距54.50米的位置移置于此。两石兽颏下皆垂长须，体躯作内侧前肢迈出状。其中右侧石兽头部损毁尤为严重，并可见榫头拼接痕迹，腹下现有二石墩支撑；左侧石兽头顶可见双角，四足尽失，下承四石墩。

关于这对石兽，历来多认为是宋武帝刘裕初宁陵所有，如1923年成书、由曾任上海徐家汇司铎的张璜以法文撰述的《梁代陵墓考》（Tombeau Des Liang）附《金陵陵墓古迹全图》上，在“麒麟门”位置旁即标注有“宋武帝初宁陵石兽尚存”等字。朱希祖执笔的《六朝陵墓调查报告书》亦以为麒麟铺石兽与《建康实录》《元和郡县图志》中所载刘裕初宁陵

图13　南京江宁区麒麟铺南朝失考墓西侧石兽

方位符合[①]。此外，朱偰《建康兰陵六朝陵墓图考》，姚迁、古兵编著《南朝陵墓石刻》，林树中《南朝陵墓雕刻》，梁白泉主编《南京的六朝石刻》皆承是说。

相左的意见在于，因《元和郡县图志》载宋武帝刘裕初宁陵与宋文帝刘义隆长宁陵地处同一方位，张璜《梁代陵墓考》附《南京附近历代陵墓图》上的"麒麟门"东"高黄村"侧亦标注有法文和中文对应的"宋长宁陵"。因此，曾与朱希祖父子以及罗香林、滕固等学者共同参与调查六朝陵墓神道石刻的德国哲学博士梅慈纳（Metaener）认为：麒麟门二石兽当为宋文帝长宁陵所有[②]。

2005年12月由南京出版社出版的《南京历史文化新探》一书所载王志高《南朝麒麟铺神道石刻的墓主问题》一文，亦认为麒麟铺石兽当属宋文帝长宁陵所有。其指认的依据，文中列举了四点，其中有两点较为引人注意，这两点其实都源于同一条历史文献，即《南齐书》卷二二《豫章文献王嶷传》："上（齐武帝萧赜）数幸嶷第。宋长宁陵隧道出第前路，上曰：'我便是入他冢墓内寻人。'乃徙其表、阙、骐𩧯于东岗上。骐𩧯及阙，形势甚巧，宋孝武帝于襄阳致之，后诸帝王陵皆模范而莫及也。"据此推知，此前

① 朱希祖：《六朝陵墓调查报告书·宋武帝初宁陵》，载朱希祖、滕固《六朝陵墓调查报告》，同前，第20、21页。

② 同上。

建康都城的帝王陵前尚无立神道石刻的葬俗，否则宋孝武帝何至于不远千里取法于襄阳呢？而且，麒麟铺的一对石兽造型简朴古拙，较齐梁以后同类石兽的繁缛秀美有别，复与襄阳附近的南阳、洛阳等地的东汉神道石兽接近，具有较为明显的初创阶段的特点。再者，据前引文献，长宁陵神道石刻曾被齐武帝萧赜迁移，而麒麟铺石兽原来相距达55米之遥，资料显示南朝陵墓神道石刻的间距一般不过20米，较特殊的两例，一是南京栖霞区狮子冲的一对石兽相距24.45米，一是丹阳三城巷梁文帝建陵的石刻彼此间距为34.5米。但麒麟铺石兽间距之大，可谓绝无仅有，故存在曾遭人为移动的可能，与齐武帝萧赜徙宋文帝长宁陵表、阙、骐驎的记载相应。文中还认为，据《宋书》卷三三《五行志四》云"元嘉十四年，震初宁陵口标，四破至地"及同书卷三四《五行志五》云"孝武帝大明七年，风吹初宁陵隧口左标折"来看，初宁陵的神道标志物可能仅是一些简易的竹木制品，未设石刻。

值得一提的是，日本学者曾布川宽在其《六朝帝陵——以石兽和砖画为中心》一文中，认为林树中《南朝陵墓雕刻》亦以麒麟铺二石兽为宋文帝长宁陵物，但实际上林树中仅仅是据朱希祖《六朝陵墓调查报告书》转引德国人梅慈纳(Metaener)的看法而已。至于林树中本人，则认为现存美国费城大学的雕饰繁缛精丽的石麒麟才可能是宋文帝长宁陵石兽[①]，故曾布川宽的转述实属误读林树中《南朝陵墓雕刻》一文所致。

（二）南京栖霞山张家库石刻

原本位于旷野中，主体为东西相对的二石兽，皆头顶无角，有鬃毛，吐舌下垂及胸，舌尖微起翘，状如雄狮。其中，东石兽保存尚好，仅四肢陷没土中；西石兽则碎成数块。现石兽周围已辟建为南京炼油厂子弟中学，石兽并经修复提升，提升过程中，又发现一神道石柱柱顶圆莲盖上的小型辟邪。

此对石兽，朱希祖《六朝陵墓调查报告书》将其列入"失考墓"，但又据《六朝事迹编类》卷一三"齐巴东献武公墓，在栖霞寺侧，有碑额云'齐故侍中尚书令丞相巴东献武公之墓'"的记载，而推测张家库石兽为南齐巴东

① 林树中：《南朝陵墓雕刻》，同前，第44页。

图14　梁桂阳简王萧融墓石兽

献武公萧颖胄墓[1]。

1980年9月，南京市博物馆在此对石兽西北约1000米处，发掘了梁武帝之弟、桂阳简王萧融夫妇合葬墓，遂否定了其为南齐萧颖胄墓神道石兽的可能性，而断为萧融夫妇墓神道遗存，并得到了广泛认同[2]。1988年，江苏境内的南朝陵墓神道石刻被列为国家重点文物保护单位，张家库石兽亦以"萧融墓神道石刻"得以申报成功。

1998年1月，南京博物院在南京炼油厂西侧刘家塘、距萧融墓约300米处发掘了萧融嗣子、梁桂阳敦王萧象墓[3]。以萧象等级身份而言，也当享有神道石刻，但其墓前除被公认为属于其父萧融墓所有的一对地面石兽及柱顶小石兽外，再无其他神道石刻。据此推知，所谓萧融墓神道乃至神道石刻，实际上是萧融、萧象父子以至萧梁宗室中萧融这一支系成员所共有的。值得注意的是，类似情形在萧梁一朝并非孤例，1974年10月至1975年1月，南京博物院与南京市文物保管委员会联合在南京栖霞区甘家巷发掘了一批东吴至南朝时期的墓葬，考古工作者结合排葬制度、墓室形制和出土遗物，推定分布于梁安成康王萧秀墓神道石刻群以北约1000

① 朱希祖、滕固：《六朝陵墓调查报告》，同前，第67页。

② 阮国林：《南京梁桂阳王萧融夫妇合葬墓》，《文物》1981年第12期。

③ 南京博物院（陆建方执笔）：《梁朝桂阳王萧象墓》，《文物》1990年第8期。

米的4号墓、6号墓、30号墓，分别为梁安成康王萧秀墓、萧秀长子萧机墓和次子萧推墓[1]，如果这一推断不误，那么萧秀及其家族成员的墓葬也是共用一条神道的。

（三）南京栖霞区尧化门北家边石刻

共计有神道石柱一对，于1978年底在尧化公社乌龙大队北家边生产队的薄荷地里被发现，1979年初由南京博物院与南京市文物管理委员会联合发掘出土。二石柱东西向，间距约5米，除柱座外，其余部件如柱身、圆莲盖、方版等皆有不同程度的残损，在西石柱的方版上，尚残存“梁故侍中中抚”等字。由于保存状况较差，加之受当时技术条件限制，文物部门仅提升了二柱柱座及柱身底部靠近榫头的部分，余者就地掩埋。

2000年10月至12月，因铺筑“仙新公路”的需要，南京市文物研究所对该片区域进行了考古勘探与发掘，不仅再次发掘出了20世纪70年代后期被掩埋的神道石柱构件，还新发现了二石柱柱座底部的石垫板和一对土筑砖甃的门阙，除门阙作保护性填埋并在地表复原展示外，此次出露的石柱构件均被提升至地表予以展示[2]。

石柱和墓阙以北约1000米的山坡上即为墓室玄宫所在。经发掘，其墓室形制、规模均与此前发现的萧梁王侯级墓葬相埒，其墓主属谁？考古工作者结合文献中记载的萧梁宗室成员的卒葬情况，认为属梁南平元襄王萧伟或昭明太子萧统的可能性最大[3]。但经对墓室内所出人牙人骨的鉴定，知墓主为一40多岁的男性，而萧统卒年31岁，其为墓主的可能性随之被排除，是故由贺云翱等执笔的北家边神道石柱与门阙的发掘简报径称为《梁南平王萧伟墓阙发掘简报》，大致便是基于这样的考虑。根据对相关出土文物的分析，笔者认为，似也不排除墓主为梁吴平忠侯萧景的直系亲属的可能性。

（四）南京栖霞区燕子矶镇太平村石刻

仅存一石兽，无角有鬃，长舌垂胸，形制与梁吴平忠侯萧景、安成康王

---

① 南京博物院、南京市文物保管委员会：《南京市栖霞山甘家巷六朝墓群》，《考古》1976年第5期。

② 南京市文物研究所等（贺云翱、邵磊执笔）：《南京梁南平王萧伟墓阙发掘简报》，《文物》2002年第7期。

③ 南京博物院（霍华执笔）：《南京尧化门南朝梁墓发掘简报》，《文物》1981年第2期。

图15　南京栖霞区太平村太子凹南朝失考墓石兽

萧秀、临川靖惠王萧宏、始兴忠武王萧憺等宗室王侯墓前的石兽相近，但体长仅1.54米，规制甚小。石兽初出土时，身上覆有约1米厚的杂土，从其站立的姿势看，似乎未被移动过，根据石兽周围的地势判断，墓室可能位于其西北200米左右、海拔40余米高的小山丘上。

该石兽面部遭人为砸损，发现者认为可能与“侯景之乱”有关，并据此认为其制作年代必在“侯景之乱”以前。关于石兽的归属，发现者推定为昭明太子萧统，理由有三点：石兽发现地点，当地人俗称为“太子凹”；《建康实录》卷一八载：“（昭明太子）安宁陵在建康县北三十五里”，《景定建康志》云“在城北四十五里贾山”，而石兽发现地位于城北20公里左右，与文献记载昭明太子葬地方位大致符合；昭明太子生前未得封爵拜将，死后也未加赠，所以墓前神道石刻，不可能比宗室诸王侯的大，而只可能小。[①]

王志高《梁昭明太子陵墓考》一文则认为燕子矶镇太平村“太子凹”发现的石兽矮小粗率，其拥有者可能是卒于“侯景之乱”的梁简文帝萧纲的嫡长子、哀太子萧大器。[②]

由于该石兽出土后，旋即被运回南京博物院保存，在较长的时间里未再公开露面，对其再行考察研究者寥寥，故时下的一些出版物大都沿袭了

① 周晓陆：《南京太平村出土南朝石辟邪》，《东南文化》第1辑，江苏古籍出版社，1985年版。

② 王志高：《梁昭明太子陵墓考》，《东南文化》2006年第4期。

当年发现者最初所作的推测。但萧统贵为太子之尊，生前极得梁武帝宠爱，且因文采出众，洵洵然有文坛盟主之风，卒葬时正值梁武帝统治的盛期，墓葬营置理当隆盛郑重，而此神道石兽规制甚至比梁武帝之侄、建安敏侯萧正立墓前石兽还要小许多，其为萧统所有是完全不能想象的。除了形制上的“弱小”外，与南京栖霞区甘家巷萧梁王侯墓前的神道石兽相比，太平村石兽躯体比例明显偏长，动感十足，与姿态明显作静穆状态的萧梁石兽在风格上亦有较大差异，且距墓室玄宫的神道仅200米左右，亦与已经发掘的萧梁王侯葬制不尽符合。凡此种种，似乎都提示太平村石兽的时代应较发现者所推测的还要更早一些，甚至可能上溯至南齐。

（五）南京栖霞区栖霞镇狮子冲石刻

位于栖霞山西南约2.5公里的北象山下的狮子冲，现存东西相对的二件有角石兽，间距25.84米。其中东兽作双角，西兽为独角。两石兽的共同点是头部硕大，头颈间无鬃毛，舌不垂露，通体作繁缛、细密的减地雕饰，其雕刻明显较王侯墓前的狮形石兽精细且费工耗时，为南朝陵墓神道石兽中的麒麟之属。二石兽原本破损倾倒，1977年由文物部门提升并修复。

图16　狮子冲南朝失考墓神道东侧石兽

关于这对石兽的归属，罗宗真《南朝宋文帝陵和陈文帝陵考》尝云：“1935年，朱希祖、朱偰父子曾认为南京市甘家巷狮子冲为宋文帝陵所在，到了1957年江宁县麒麟门灵山新发现石辟邪，又认为灵山应是宋文帝陵所在，将狮子冲的改认为是陈文帝陵。1973年，南京市博物馆发掘灵山大墓，距新发现的石辟邪很近，有同志提出此墓即是陈文帝陵，为此，一些公开发行的书籍和图表，大多数相沿1957年朱偰之说，认为麒麟风格华丽，是六朝晚期遗物，故确信甘家巷狮子冲即陈文帝陵……”[①]。

此段表述既混乱，而且存在着严重的对前人研究成果的误读。实际上，朱希祖、朱偰父子对狮子冲石兽归属的看法自始至终都存在分歧，朱偰《建康兰陵六朝陵墓图考》倾向于狮子冲石兽属宋文帝长宁陵，但朱希祖《六朝陵墓调查报告书》则对此观点持排斥态度，认为应属陈文帝永宁陵。朱希祖认为，据《建康实录》载，陈文帝永宁陵在县北四十里陵山之阳，而“陵山”应即位于狮子冲背后、当地土人俗呼为“兰山”的山丘，因六朝音读“陵”若“兰”，并且《元和郡县图志》卷二六载“陈文帝蒨永宁陵，在县东北四十里蒋山东北”，也是与狮子冲方位相吻合的[②]。日本学者曾布川宽在其《南朝帝陵的石兽与砖画》中，也认同朱希祖的陈文帝永宁陵说，在文中，他除了引述朱希祖已经列举出的所有文献资料作为佐证外，还从类型学的角度进行了辨析，指出狮子冲石兽在形制上表现出了继承萧梁末季的丹阳陵口石兽向陈朝石兽过渡的风格倾向[③]。

与此相左的是，朱偰视狮子冲石兽为宋文帝长宁陵之物的观点，近数十年来亦未敛迹。日本学者町田章《南齐帝陵考》[④]即力主其说，他经过类型排比后，认为狮子冲石兽具有宋武帝初宁陵石兽（即前述江宁区麒麟镇麒麟铺石兽）风格，并将这种形制风格的石兽称之为“宋式”。罗宗真《南朝宋文帝陵和陈文帝陵考》提出狮子冲石兽具有南朝早期特点，并“怀疑宋文帝陵前石兽被齐武帝迁走后，今已不存，不知墓葬亦否迁移？宋文帝陵前现存石刻，由于齐武帝生前很欣赏它，应是齐梁时工匠，仿齐武帝陵前麒麟重新刻制树立于陵前”[⑤]。尽管只是推测之语，未免也过于离奇。

卢海鸣《六朝都城》根据栖霞区甘家巷一带多为萧梁王侯葬地的情形，推断狮子冲石兽为梁元帝萧绎陵前之物[⑥]。但文献明确记载萧绎于陈朝天嘉元年（公元560年）六月葬于江宁，与此地地望不合，故可能性也不大。

---

① 罗宗真：《南朝宋文帝陵和陈文帝陵考》，载《南京博物院集刊》第7辑，1984年。

② 详见朱希祖、滕固：《六朝陵墓调查报告》，同前，第42—45页。

③ [日]曾布川宽著、傅江译：《六朝帝陵——以石兽和砖画为中心》，南京出版社，2004年版，第57页。

④ [日]町田章著、劳继译：《南齐帝陵考》，《东南文化》第2辑，江苏古籍出版社，1986年版。

⑤ 罗宗真：《南朝宋文帝陵和陈文帝陵考》，载《南京博物院集刊》第7辑，1984年。

⑥ 卢海鸣：《六朝都城》，南京出版社，2002年版，第292、293页。

王志高《梁昭明太子陵墓考》[1]则认为属梁昭明太子萧统安陵所有，所举理由有几点值得考虑：一是狮子冲石兽所在的栖霞区甘家巷、尧化门一带应属萧梁贵族葬区；二是狮子冲石兽在形制上属帝陵规制的麒麟之属，与昭明太子号墓为陵的身份相符；三是狮子冲石兽体态接近丹阳的陵口和梁简文帝庄陵石兽。

围绕南朝陵墓神道石刻归属的聚讼，历来以栖霞区狮子冲石兽为最，迄无定论。20世纪80年代，南京市博物馆的考古工作者曾在狮子冲石兽前的一处人为开挖的水塘边壁近水面处发现有九层莲花网格纹砖砌成的墓室排水沟[2]，可能即是狮子冲石兽所属陵墓的排水沟。而从此前发掘的南朝陵墓来看，被推断为南齐帝陵的丹阳胡桥仙塘湾墓的排水沟为七层砖砌，而南京栖霞区北家边萧梁某宗室成员（一说为梁南平元襄王萧伟）墓的排水沟为六层砖，据以可想见狮子冲石兽之后帝陵的宏大规模，至少可以认定是属南朝实力鼎盛之际的遗制。

2012年初，为了配合建设栖霞区新合村狮子冲的南朝陵墓石刻遗址公园，南京市博物馆自2012年11月至2013年8月底对狮子冲石刻及其附近区域约7万平方米的范围内进行了考古勘探，在北象山南麓、南距石刻约350米发现装饰有“竹林七贤”砖拼壁画的南朝大型砖室墓2座，分别编号为M1与M2。经发掘，可知两墓皆为平面呈凸字形、带甬道的单室砖墓，东西并列，方向相同，墓室全长在15.7—15.2米、宽6.3—6.5米，彼此相距约10米。特别重要的是，在两墓周边发现4条依托原有山岭堆筑、外包石墙、总长340米的夯土陵垣，表明两墓墓主的关系之密切，非同寻常。而最可说明问题的是，两墓各出土一块纪年砖，其中，一座墓出土的纪年砖砖面刻有“中大通贰年五月廿七日……”等字，梁昭明太子萧统正是卒于此后的中大通三年（公元531年），另一座墓出土的纪年砖砖面刻有“普通七年”等字，而昭明太子的生母丁贵嫔恰亦卒于梁普通七年（公元526年）。因此可以大致断定，狮子冲石刻的拥有者应当即是梁昭明太子萧统及其母丁贵嫔，从而排除了为陈文帝永宁陵以及宋文帝长宁陵或梁元帝

① 王志高：《梁昭明太子陵墓考》，《东南文化》2006年第4期。

② 此信息承南京市博物馆考古部阮国林先生见告。

萧绎墓的可能性。

此外，与栖霞区甘家巷梁始兴忠武王萧憺墓毗邻的一对石兽，从南朝陵墓的排葬规律分析，或亦萧憺子嗣的墓上遗存，至于早先将其推定为萧憺的兄弟梁鄱阳忠烈王萧恢墓恐亦不足取信。

（六）南京江宁区麒麟门灵山石刻

仅发现一件石兽，无角，张口吐舌，形制与萧梁王侯墓前石兽形制相类，但体量甚小，长、高各仅1.40米。20世纪50年代于麒麟门外东北灵山之阳解放军驻宁某部队营房竹篱内被发现，时仅头颈部露出地面，余下三分之二犹陷没土中，惜已佚失无存。

灵山小石兽被发现后，朱偰据《建康实录》《六朝事迹编类》等文献中关于陈文帝陵在县东北陵山之阳（南）的记载，遂率先推断该石兽为陈文帝永宁陵所有[①]。1973年，南京市文物保管委员会在灵山之阳发掘了一座南朝大墓，墓葬形制和出土文物具有南朝晚期特征，其中有一对青瓷莲花尊，体量硕大，工艺繁缛复杂，堪称国宝。研究者多认为此墓与早些年发现的灵山石兽关系密切，罗宗真《南朝宋文帝陵与陈文帝陵考》在朱偰所征文献材料的基础上，亦认同灵山石兽为陈文帝陵前之物[②]。

但经查询南京市博物馆内部资料，可知所谓灵山大墓长不过10米，而已确知的南朝帝陵长度皆在10米以上；灵山大墓甬道中仅有一道石门，而南朝帝陵在甬道中均设置两道石门；灵山大墓墓壁仅以单一的莲花网格纹砖组合砌成，而南朝帝陵墓壁主体位置则以内容丰富的“竹林七贤”、羽人狮子或武士、鼓吹等形象的镶拼砖画为饰，莲花网格纹砖只是作为陪衬的辅助装饰而已。综以上述，可知灵山大墓在等级上倒更可能与已发掘的梁桂阳简王萧融墓、桂阳敦王萧象墓、安成康王萧秀墓及陈朝贵胄黄法氍墓等宗室贵族墓相若，尚未臻帝陵规制，所以不可能是陈文帝永宁陵。

（七）南京江宁区上坊镇石马冲石刻

现存石兽一对，相距48.8米，皆头顶无角而有鬃毛，舌外吐下垂，体躯稍长。原本半没于农田中，后经文物部门提升，近年因建市民广场又在文

① 朱偰：《修复南京六朝陵墓古迹中重要的发现》，《文物参考资料》1957年第3期。

② 罗宗真：《南朝宋文帝陵和陈文帝陵考》，载《南京博物院集刊》第7辑，1984年。

物部门指导下再度提升。

此对石兽，朱偰《建康兰陵六朝陵墓图考》认为系陈武帝陈霸先万安陵前之物[①]，姚迁、古兵编《南朝陵墓石刻》，罗宗真《六朝陵墓及其石刻》，林树中《南朝陵墓雕刻》皆从其说[②]。朱希祖《六朝陵墓调查报告书》对此说则模棱两可，但其提出的质疑则很值得重视，其中最为关键的一点是，宋、齐、梁三朝皇陵前石兽率皆为作独角或双角的麒麟形象，而所谓万安陵前的石兽却是作无角而有鬃毛的雄狮形象，而这恰恰是认可上坊石马冲石兽为陈霸先万安陵神道石刻的观点最难以接受的。其次，朱希祖据《建康实录》中陈霸先万安陵在上元县东南三十里、彭城驿侧的记载，并结合《同治上江两县志》卷三考证得出：彭城山及彭城馆在今江宁淳化镇东，而石马冲则在淳化镇西十里，二者位置也明显不合[③]。

朱希祖对江宁上坊石马冲石兽的考证颇见功力，但同一段话中也存在观察不够仔细之处，如认为石马冲石兽“舌不下垂，与梁代诸王墓石辟邪不同”即是。实则石马冲二石兽均露舌外垂，但与萧梁诸王侯墓前石兽有所区别的地方在于，其舌部未如甘家巷一带萧梁石兽发达，且舌尖未垂至胸部。但对事物性质的判断理应着眼于大的方面，石马冲二石兽在形制上更符合南朝王侯墓前的狮形石兽的特征是毋庸置疑的，至于舌部的发达与否似乎更可能是从一个侧面提示了石马冲石兽与甘家巷一带的萧梁王侯墓石兽在制作时代上存在差异。

日本学者曾布川宽也否定石马冲石兽为陈霸先万安陵之物，而认为属南齐之制。他从类型学的角度入手，指出此对石兽均伸出外侧的前肢，符合所谓南齐神道石兽的形制特征。此外，石马冲石兽躯体长而动感较强，与梁代石兽普遍作较为静态的驻足停滞的形象也有所区别[④]。

（八）南京江宁区江宁镇建中村方旗庙石刻

现存石兽一对，东西相向，无角，头颈间有鬃毛，张口垂舌至胸部，其状如雄狮。二石兽原相距12米，1997年修整提升后间距缩短为8.7米。

① 朱偰：《建康兰陵六朝陵墓图考》，同前，第45、46页。
② 参见姚迁、古兵编：《南朝陵墓石刻》图版97—101；林树中《南朝陵墓雕刻》，同前，第32、33页。
③ 参见朱希祖、滕固：《六朝陵墓调查报告》，同前，第39—41页。
④ ［日］曾布川宽著、傅江译：《六朝帝陵——以石兽和砖画为中心》，同前，第56、57页。

图17　传为陈霸先万安陵标志的江宁狮子冲石兽

其中，西石兽较完整，东石兽腰部以后无存。此对石兽最初系1934年9月由朱希祖、朱偰父子调查发现。2004年2月，南京文物考古工作者在正对石兽西北向400余米的山岗上发现一高约5米的墓葬封土，根据南朝陵墓地下玄宫与地上神道石刻的分布规律，遂认为此封土与二石兽皆属同一墓主所有。关于此墓墓主，朱希祖、朱偰父子皆推测为葬于金牛山的南齐豫章文献王萧嶷，并据《至正金陵新志》卷五《山川志》引《庆元志》载江宁铜山"山南名金牛坑"，而认为金牛山即位于今江宁区境内的铜山[①]。朱偰《建康兰陵六朝陵墓图考》更是径谓"齐豫章文献王萧嶷葬金牛坑(今铜山乡)，去江宁镇不远，或系此墓"[②]，近年出版的姚迁、古兵编《南朝陵墓石刻》及罗宗真《六朝陵墓及其石刻》也分别接受此观点，但显然都是将"金牛山"误作"金牛坑"了。

据《至顺镇江志》卷一二《古迹》引《舆地志》："泰安陵(齐高帝陵)、景安陵(齐武帝陵)、兴安陵(齐明帝陵)在故兰陵东北金牛山。"又据《乾隆丹阳县志》卷二《山川》："经山，在(丹阳)县东北三十五里，昔有异僧讲经于此，故名。上有金牛洞，一名金牛山，一名金山。"可知齐豫章文献王萧

① 参见朱希祖、滕固：《六朝陵墓调查报告》，同前，第39—41页。

② 载朱偰：《建康兰陵六朝陵墓图考》，同前，第52页。

嶷所葬墓亦当属丹阳萧齐帝陵区的陪葬墓之一，与江宁方旗庙石兽无涉。

近来，又有学者撰文认为，方旗庙石兽系陈朝天嘉元年(公元560年)归葬位于江宁通望山其母文宣阮太后旧茔旁的梁元帝萧绎墓之物[①]，至于墓前未采用南朝帝陵前专设的有角石兽，而只是设置了王侯墓前作无角有鬃吐舌的雄狮形象的石兽，当是改朝换代后，后朝有意低抑前朝君主的仪制之故。

图18 南京江宁区方旗庙南朝失考墓神道石刻

(九)镇江丹阳县胡桥狮子湾石刻与赵家湾石刻

两组石刻相互毗邻，位于镇江丹阳县北30里处，是位于丹阳最北端的南朝陵墓石刻。现均只存一对有角石兽，为南朝帝陵神道石兽中的麒麟之属。两处石兽及其所夹神道呈南北向，中间相隔一片起伏平缓的丘陵。其中狮子湾二石兽东西相距23米，东石兽保存尚好，西石兽失头；赵家湾二石兽东西间距18.5米，但在1968年已遭破坏。

朱希祖《六朝陵墓调查报告书》据《元和郡县图志》卷二六与《乾隆丹阳县志》卷一九关于齐宣帝永安陵和齐高帝泰安陵位置的相关记载推断：狮子湾石兽为齐宣帝永安陵之物，赵家湾石兽为宣帝之子、高帝泰安

① 王志高、周维林：《南京方旗庙南朝陵墓石刻墓主为梁元帝萧绎》，《中国文物报》2005年4月1日第7版。

陵所有[1]。由于两处石兽的方位大体与文献记载相符合，故朱希祖所作推断颇为学界认同，如朱偰《建康兰陵六朝陵墓图考》，姚迁、古兵编《南朝陵墓石刻》等皆袭沿未改[2]。

值得注意的是，朱希祖对两处石兽归属的推断是基于二陵朝北的认识基础而定的。日本学者曾布川宽参照地图发现狮子湾石兽和赵家湾石兽之北为渐次升高的缓坡地形，遂推断这对父子陵墓皆是面南背北并列而造，据《隆庆丹阳县志》卷八载："泰安陵，齐文帝及昭后刘氏葬所，在宣帝陵侧。"按照当时陵墓排列的尚右原则，那么位于右侧的赵家湾石兽应属父亲——宣帝永安陵所有，左侧的狮子湾石兽才是儿子——高帝泰安陵之物[3]。

（十）镇江丹阳建山金家村石刻

位于丹阳县城东北16公里处，现存一对有角石兽，躯体矫健灵动，为南朝帝陵神道石兽的麒麟之属。二石兽东西间距约32米，其中，西石兽独角，有残损，但纹饰尚清晰；东石兽双角残损严重，体表纹饰漫漶模糊，可能与扶正提升之前长年浸泡在水塘中有关。

1968年8月至10月，南京博物院在此对石兽北部600米处发掘了一座长达13.60米的大型南朝墓，当为此对石兽所有者的墓室玄宫。墓葬发掘者据朱孔阳《历代陵寝备考》中齐废帝东昏侯萧宝卷墓在丹阳县东16公里的记载，推测其位置与丹阳建山金家村墓前神道石刻相当，只是方向略偏北些[4]。杨泓《丹阳南朝陵墓石刻》一文承袭了墓葬发掘简报的这一假说[5]。

日本学者曾布川宽则通过对齐郁林王和海陵王的终制的考证指出，对于被废的皇帝，总是"殡葬以王礼"，故其墓前的神道石兽，只合采用无角有鬃、张口吐舌的雄狮形象，认为东昏侯之说难以成立。在此基础上，曾布川宽对建山金家村石兽的归属提出了自己的看法，他认为，金家村石

---

① 参见朱希祖、滕固：《六朝陵墓调查报告》，同前，第23—26页。

② 参见朱偰：《建康兰陵六朝陵墓图考》，第16—18页；姚迁、古兵编《南朝陵墓石刻》图4—9。悉同前。

③ ［日］曾布川宽著、傅江译：《六朝帝陵——以石兽和砖画为中心》，同前，第15—18页。

④ 南京博物院（尤振尧执笔）：《江苏丹阳县胡桥、建山两座南朝墓葬》，《文物》1980年第2期。

⑤ 杨泓、孙机：《寻常的精致》，同前，第156页。

兽位于被公认为齐景帝萧道生修安陵的丹阳仙塘湾石兽左近，彼此相距只有2公里，更兼墓室内的镶拼砖画为同范制作，故两墓建造年代相近，关系较密切，并进一步推测金家村石兽或即为萧道生之子、齐明帝萧鸾所有[①]。

（十一）镇江丹阳县建山乡烂石弄石刻和埤城镇水经山村石刻

两处神道石刻皆只存南北相向的石兽各一对，均作无角有鬃、张口垂舌的雄狮形象，但体量普遍较南京栖霞区甘家巷一带的萧梁王侯墓前的同类型石兽要小。其中，烂石弄南石兽已碎成数块，北石兽相对完好，其作蹲踞状，则为南朝陵墓神道石兽所仅见；水经山石兽保存尚好，体躯稍长，动感十足。

图19　丹阳烂石弄墓北石兽

建山乡烂石弄石兽和埤城镇水经山村的二处石兽，朱希祖《六朝陵墓调查报告书》分别命名为水经山下偏东之墓与偏西之墓，并疑为齐前废帝、郁林王萧昭业墓和后废帝、海陵王萧昭文墓[②]。两废帝为齐文惠太子萧长懋的长子和次子，前者即帝位未久即被杀，并降封为郁林王，后者继位亦仅三月便被废为海陵王。故其墓皆只合殡以王礼，不可能采用帝陵制度。从方位上看，两处石刻皆位于南齐帝陵区域内，且分布在水经山东北麓，互相毗邻，也显示出彼此的亲缘关系。综以上述，可知尽管尚缺乏十分确切的依据，但将二处石兽推定为前废帝萧昭业和后废帝萧昭文墓

① ［日］曾布川宽著、傅江译：《六朝帝陵——以石兽和砖画为中心》，同前，第26—28页。

② 朱希祖、滕固：《六朝陵墓调查报告》，同前，第64页。

前遗存，还是存在一定合理性的。而且，根据汉魏南北朝时期盛行的以右为尊的排葬规律，将居右的烂石弄石兽推定为兄长萧昭业所有，将居左的水经山石兽推定为弟弟萧昭文所有，也都顺理成章。

朱希祖对这二处石兽归属所作的推测，得到了学术界的普遍认同。日本学者曾布川宽在认可朱希祖所作推测的同时，还从类型学的角度出发，指出石兽皆采取了伸出外侧前肢的样式，也符合业经验证的南齐神道石兽特征[①]。

（十二）镇江丹阳县荆林三城巷萧梁帝陵石刻

在丹阳经山西南的田野里，由南往北并列着四处南朝陵墓神道石刻，形成一个相对集中的神道石刻群，其中第二处神道石刻组合最为完整，除一对有角石兽外，并有神道石柱、神道石碑（残存龟趺）和刻凿“T”字形榫孔的方形石台基各一。值得一提的是，分别位于二石兽旁的两座刻凿有“T”字形榫孔的方形石台基，应即为原先承接二石兽的石座，可能是文物工作者早年提升石兽时，为图省事，迳将石兽吊起并重做基础，遂置石座于其旁近而不顾，给后人增加了不必要的误会。根据神道石柱方版上的刻铭，知这组神道石刻为梁文帝萧顺之建陵所有。

梁文帝建陵石刻群以北约360米的石刻，现仅存神道左侧的一件双角石兽，石兽里侧前肢伸向前方，足下并攫一小兽，被公认为梁文帝萧顺之第三子、梁武帝萧衍与郗皇后合葬之修陵。对照六朝陵墓以右为尊的规律，该石兽恰位于梁文帝建陵左侧，从制度上来看大体是符合的。日本学者曾布川宽认为，修陵为郗皇后之陵，只是由于武帝死于“侯景之乱”，未及为自己营造陵墓，遂葬于修陵。郗皇后之陵虽有陵号，但在皇后墓前设置有角石兽似乎不合情理，故推断修陵石兽是在“侯景之乱”平定后由嗣位的梁简文帝所建[②]。

梁武帝与郗皇后修陵以北约60米处的神道石刻仅存躯体被切除一半的右侧石兽，该石兽历来被认为是梁武帝第三子、简文帝萧纲庄陵所有，一向也都没有什么争议。

① ［日］曾布川宽著、傅江译：《六朝帝陵——以石兽和砖画为中心》，同前，第30页。
② ［日］曾布川宽著、傅江译：《六朝帝陵——以石兽和砖画为中心》，同前，第41页。

图20　丹阳梁武帝萧衍修陵石兽

在梁文帝建陵以南60米，亦有南北相向的一对有角石兽，为南朝陵墓神道石刻中的麒麟之属，其中北石兽身体只存前躯，并失头，毁损极甚；南石兽四足、尾部缺损，头部原有独角，已损，余尚保存完好。关于此对石兽，朱希祖《六朝陵墓调查报告书》认为系齐明帝萧鸾兴安陵之物，依据是《乾隆丹阳县志》卷一九有云，齐明帝萧鸾兴安陵的位置在县“东北二十四里”，而梁文帝萧顺之建陵在“县东北二十五里东城村”，故作如是推测[①]。此后的相关著述皆沿袭了朱希祖的观点，几成定论。然而，细加校勘，可以发现《乾隆丹阳县志》中将梁文帝建陵方位记为县“东北”恐有误，因同书记梁武帝修陵和梁简文帝庄陵位置都分别作“县东二十五里”和“县治东二十七里”，故疑《乾隆丹阳县志》中建陵方位“东北”应为“东”之讹衍。况且，已知三城巷集中分布着梁文帝、梁武帝与梁简文帝的陵墓，可推定该地实为萧梁帝陵区，故将梁文帝建陵以南60米的这对有角石兽定为齐明帝萧鸾兴安陵，显然是说不通的，惟将其视作萧梁某帝陵，才合乎情理。萧梁诸帝中，除文帝、武帝、简文帝已确知葬于丹阳荆林三城巷、梁元帝萧绎于陈朝天嘉元年（公元560年）改葬江宁外，剩下的就只有元帝第七子、于太平二年（公元557年）禅位于陈霸先的梁敬帝萧方智了。敬帝萧方智禅位于陈霸先以后，虽降封为江阴王，但仍然被允许行梁正朔，但这种情况不可能维持多久，仅仅1年后，萧方智便暴卒而亡，陈霸先则遣太常吊

① 朱希祖、滕固：《六朝陵墓调查报告》，同前，第28、29页。

图21　丹阳荆林三城巷萧梁帝陵南侧石兽

祭，司空监护丧事，备极哀荣，所以此对帝陵石兽的主人似以萧方智的可能性最大[1]。至于将其陵墓营置于较梁文帝建陵更为尊贵的右侧地位，恐是陈霸先出于贬抑前朝的考虑而故意采用的非常手段。

（十三）镇江丹阳县陵口石刻

原本位于丹阳荆林三城巷以南、陵口镇东500米，即东南方向的大运河与北上三城巷的萧梁河交界处，夹萧梁河东西两岸而置。1965年拓宽运河时，将石兽北移450米，1977年疏浚萧梁河时又将其向西移了70米。与其他石兽不同的是，该对石兽并非位于陵墓神道两侧，而是位于整个萧梁陵区的入口处。

图22　丹阳陵口石兽

① ［日］曾布川宽著、傅江译：《六朝帝陵——以石兽和砖画为中心》，同前，第52、53页。

位于陵口的这对石兽，为南朝陵墓地面石兽中的麒麟之属，皆损四肢及尾部，其中右石兽为独角，体长3.95米；左石兽为双角，体长4.0米。其体量之硕大，堪称南朝陵墓石兽之最，但对于其时代与归属，历来多称之为南朝齐梁时期，然齐焉？梁焉？却无从确指。日本学者曾布川宽认为，从石兽残存的下部来看，石兽向前伸出的均是里侧的前肢，符合萧梁神道石兽的特征；在躯体上也未如南齐帝陵石兽那样表现出头、颈、胸三部分呈明显的S形流丽跃动的形象，而更为接近萧梁帝陵神道石兽作静态伫立的外形特征；从方位上看，此对石兽所在的陵口更接近于三城巷萧梁诸帝陵。综以上述，曾布川宽推断陵口石兽殆为梁制，应当说是很有见地的。但他又进一步认为陵口的这对石兽是平定“侯景之乱”后，为简文帝举行葬礼之前而置，则还有待验证[①]。

第二节　南京栖霞山千佛崖释迦多宝并坐像及有关问题

《法华经》是印度大乘佛教的一部重要经典，对中国佛教艺术产生过巨大影响。经文中所述一切众生均能成佛的思想，普遍赢得了僧俗的皈依和信仰。因而，《法华经》自5世纪后半叶以来流传颇广。世人据此经开窟造像掀起热潮。在相继出现的造像中，释迦、多宝二佛并坐像尤为人们所喜闻乐见，是取得了重要发展的一种艺术形式。

南京栖霞山千佛崖南朝石窟中，取材于《法华经》所雕释迦、多宝二佛并坐像，仅见一例。而现存南朝造像中，释迦、多宝并坐像题材亦寥寥无几，且例为小型单体造像。若南京栖霞千佛崖龛像规制之巨，则绝无仅有，故其于探讨南朝释迦、多宝并坐像的风格特征及其他一系列问题，皆有突出的价值和意义。但由于南京栖霞千佛崖龛像悉以粒粗质疏的侏罗纪砂岩雕成，经年既久，不堪风化剥蚀，故唐宋以来，法信之士代有妆銮。民国初期，栖霞寺僧宗扬、若舜等为庄严佛事，更以水泥将所存龛像涂缮一过。南朝衣冠，至此几尽湮没。

① ［日］曾布川宽著、傅江译：《六朝帝陵——以石兽和砖画为中心》，同前，第44—49页。

1995年秋冬之际，南京栖霞寺僧意欲重妆千佛崖二佛并坐窟内诸像，遂将原像周身附着的水泥凿落，尽显旧时风貌。南京市博物馆林蔚同志闻讯后即前往调查，并绘制了窟、像实测图。有关这次的调查报告，后被林蔚同志以《栖霞山千佛崖第十三窟[①]的新发现》（下简称《林文》）为题，发表在《文物》月刊1996年第4期。

图23　南京栖霞山千佛崖二佛并坐龛像

不言而喻，《林文》对南京栖霞山千佛崖二佛并坐像现状及其特征所作的客观记录，是以往众多研究者在原像被水泥附体时难以窥察的。然而，《林文》对该窟造像的断代及其他一系列问题的推断，却仍然囿于前辈学者的旧有认识，并没有充分利用造像水泥脱落后的新发现。

有鉴于此，今在勘比各地造像形制及题材内容、雕工特征的基础上，对南京栖霞山千佛崖现存释迦、多宝二佛并坐龛像的时代及有关问题试作辨析如次。同时，又由于千佛崖二佛并坐像的规制仅次于毗邻的栖霞最大窟龛——三圣殿，地位显要，相信栖霞千佛崖开凿的相关文献记载及该处其他尚为水泥附体的南朝龛像的形制特征，亦将赖此而获得验证或澄清。

---

① 南京市博物馆在1994年底对南京栖霞山窟龛的考古调查中，曾将二佛并坐像编号为第一区第十三窟，《林文》即采用了这一编号。但由于调查起点位置的不同，此前的1992年7月，南京建筑工程学院对栖霞山石窟进行测绘时，则将同一窟龛编列为第二号窟。此后南京神艺公司所聘业务人员在栖霞寺支持下，对栖霞山石窟所作修缮前的摸底调查中，又将该窟编为下十九号，并以红漆书于该窟明代补砌砖石门壁的显要位置。考虑到二佛并坐像在栖霞仅此一见，故本文还是取了一个纯从造像题材角度考虑的名称，庶免窟龛命名不统一之弊。

一、栖霞千佛崖释迦、多宝并坐龛像的时代特征

南京栖霞山千佛崖次大龛内的结跏趺并坐二佛，头与手早先皆毁佚无存，像体附着水泥经凿落后显露出的石质表面虽经不同程度的风化，但原有衣纹尚可辨识：

二像均被宽绰大衣，内隐见僧祇支。衣襞垂覆于坛座之前，褶皱雕刻尚存简约自然之态。其中，多宝佛虽以上体风化较甚，局部衣纹已漫漶不清，但释迦佛胸腹间缚衣带、并作结下垂的服饰犹历历可见。凡上述种种，无不与北魏延昌前后高度成熟的“褒衣博带”佛装的特征丝丝入扣般地吻合。该窟内壁胁侍菩萨皆跣足立于宝装覆莲圆座上，菩萨的头部与手亦皆毁佚无存，惟圆形头光尚在，上身衣纹细部不甚清晰，下体着大褶裙，纷披而下，褶纹疏朗。帔帛自两肩斜下，与联珠璎珞在腹前呈X形穿圆环交叉后，沿体侧上升并反折于肘部下垂，肩部外移，裙饰下部亦作向外撇的形制。按此种菩萨装约盛起于6世纪中叶，至于后来的菩萨装虽在此基础上有所发展乃至更变，但总体变化幅度不大，故不难想见，这其实是一种汉化程度极深且较完善、业已形成定式的装束，至于其发展所经历的过程乃至为人们所接受的程度，几乎都与所谓的褒衣博带式佛装相仿佛。而先前时代更早一些的菩萨装，则多斜披络腋(自左肩斜向髋部)，腰束宽带，下着羊肠大裙紧贴双腿，腿部曲线凸显，衣纹作横向连弧纹状，帔帛自双肩搭下，穿肘飘扬，其装束在总体上显得张弛有度[①]，与所见南京千佛崖次大龛内的胁侍菩萨宽绰稳重的装束全然不同。由此可见，千佛崖次大龛的胁侍菩萨的衣纹，所表现出的正是与主尊释迦、多宝二佛衣纹同步发展的时代特征。

释迦、多宝二佛并坐造像的手印的组合变化，也具有鲜明的时代特征，与5世纪下半叶至6世纪上半叶坐佛衣纹的流变更替，以及二佛自身装束的组合变化皆有相应的内在联系。尽管南京栖霞山千佛崖二佛并坐像的手皆毁佚无存，其所作手印悉已无以得见，但据残像姿态、服饰犹不难作出较为可信的推新。首先，千佛崖并坐二佛中的释迦腹前衣纹石质清晰且未有损毁

① 作类似装束的菩萨立像较多，参见金申《中国历代纪年佛像图典》图18、20、63、69、71，文物出版社，1994年版。

痕迹,故知其未作双手贴腹的禅定印。其次,二佛间距非近,若多宝斜伸右管触释迦左肩作礼让手势,则于比例不合,恐难成立,且释迦左肩亦未见与多宝右臂接触的痕迹,更兼释迦未作与多宝礼让手势对应的禅定印。于此可证,南京栖霞山千佛崖释迦、多宝二佛只可能是同作施无畏与愿印或说法印的,至于两佛右臂近肘部位微显抬举的姿态,也印证了笔者的这一推断。

值得一提的是,作施无畏与愿印或说法印的释迦、多宝二佛并坐像,在6世纪以前的龛像亦偶或一见,但二佛均作统一的袒右半披式袈裟。南京千佛崖二佛并坐像均着衣襞覆垂坛座前的褒衣博带式僧衣,在手印和与衣饰的组合方面,都表现出了鲜明的6世纪前期的时代特征。

此外,佛像背光形制在5世纪中叶至6世纪的发展,大致经历了如下几个阶段的变化,即高、宽之比约为1:1的近圆形背光(约5世纪中叶)——高宽之比约为3:2的钝顶背光(北魏太和年间)——高、宽之比约为2:1的尖顶背光(6世纪前期)——高、宽之比约为3:1的通体瘦长、顶端锐利的背光(6世纪中叶以后)。南京千佛崖释迦、多宝并坐二佛龛像背光顶端较锐利的形制,与北魏太和以后的北魏晚期的背光形制如出一辙,而与太和间(公元477—499年)宽厚且顶端较钝的形制以及时代更早的近乎圆形的背光迥异。同时,也与东魏、北齐乃至隋代通体瘦长、顶端更趋尖锐的背光形制全然不同。让人感到费解的是,南京栖霞千佛崖并坐二佛的背光时代特征极为明显,且一向未曾遭水泥涂缮,历来都暴露于窟龛正壁至龛顶的显著位置,但却久未引起人们的注意或被给予足够的重视。

二、褒衣博带佛装之传承

早在凿落栖霞千佛崖释迦、多宝并坐二佛龛像附着水泥之前,国内考古学界多认为中原北方龛像(如龙门宾阳中洞主尊及云冈第五窟主要位置的诸多造像)着宽博大衣、胸腹间结带下垂及衣襞垂覆坛座前的装束,是由南京西善桥"竹林七贤"镶拼砖画墓(很多学者认同该墓时代为东晋或刘宋初年)[①]所见荣启期胸前结带的褒衣博带衣装导源于先,并藉早年传出四川茂汶、着褒衣博带僧衣的南齐"永明元年"款释玄嵩造像,而证此

① 南京博物院等:《南京西善桥南朝墓及其砖刻壁画》,《文物》1960年第8、9期合刊。

种类似汉族士大夫所着之常服，至迟在南齐永明元年（公元483年）已经见诸南方佛造像，并据以推断出褒衣博带式佛装在北魏龙门及云冈三期龛像中的普及，是接受了东晋南朝的巨大影响才形成的[①]。

而栖霞千佛崖原为水泥附着的二佛并坐龛像经揭露后所示服饰，亦为与南京西善桥“竹林七贤”镶拼砖画墓中荣启期及茂汶“永明元年”款造像相类似的褒衣博带式装束。加之南京栖霞千佛崖的开凿，亦有明确早于北方雕造衣襞覆坛的褒衣博带装龛像的文献记载[②]。这样，由时代为东晋或刘宋初年的南京西善桥“竹林七贤”壁画墓中荣启期形象至四川茂汶南齐“永明元年”款造像，再至南京栖霞山千佛崖二佛并坐像，富有汉民族特色的褒衣博带装束率先在南方由士大夫常服向佛装的过渡完成乃至完善，不能不让人联想到北方褒衣博带式佛装的兴起，乃袭传自南方。而《林文》更在此一前提下，进一步指认北魏龙门诸龛像及云冈三期胁侍菩萨像下摆向外撇开的形式及身披X形交叉穿环穗状璎珞装饰，亦是由南京栖霞山千佛崖释迦、多宝二佛窟胁侍菩萨装束传来，是为其有关栖霞第十三窟（即二佛并坐窟）的重要的“新发现”。

然而，当我们溯流而上，对学界几已达成共识的“褒衣博带”式佛装的传承过程予以复察时，恰恰发现这两宗关键证例皆不尽可信，难以承载早期褒衣博带佛装由南至北的传播。以近十数年来所累积的六朝墓葬考古常识验之，发掘于20世纪60年代初的南京西善桥“竹林七贤”镶拼砖画墓，无论在墓室形制结构或伴出器物的造型特征方面，皆有南朝中晚期特点，可能早不到东晋或刘宋初年之际[③]，因而将此墓砖画中所见荣启期画像腹间结带的服饰，视如6世纪初叶北方全面兴起的褒衣博带式佛装的渊源所在，恐未必合适[④]。

---

① 杨泓：《试论南北朝前期佛像服饰的主要变化》，《考古》1963年第6期。

② 综以载籍与相关金石资料，足证栖量千佛建主体实完工于齐季，而北方集像所着衣襞覆坛的褒衣博带佛装的全面兴起，则在北魏延昌前后，约相当于南朝萧梁初年。

③ 王志高：《简议西善桥“竹林七贤”砖印壁画墓时代及基主身份》，《中国文物报》1998年12月30日。

④ 1968年8月至10月，文博部门分别在江苏丹阳胡桥宝山大队吴家村、建山公社管山大队金家村发掘的齐和帝萧宝融（488—502）和齐废帝萧宝卷（482—501）墓中，亦皆砌置有与南京西善桥宫山墓规制相近的大幅竹林七贤与荣启期镶拼砖印壁画，画中人物服饰亦被一些学者视作南方褒衣博带佛装北传的渊源所在，但其中荣启期像胸腹间尚未结带下垂，复据以萧宝融及萧宝卷卒年，可证此种于胸腹间结带下垂的服制在南方兴起的时间可能还要再晚一些。

四川茂汶南齐“永明元年”款造像碑，在造像衣纹雕刻、造像题记内容及书法特征方面，也存在不少疑点[①]，将其作为江南褒衣博带佛装北传的重要证例，同样不足以取信于人。鉴于南京西善桥“竹林七贤”镶拼砖画墓中的荣启期服饰与四川茂汶南齐永明元年造像所着宽博僧衣，对于支撑褒衣博带式佛装自南而北的传播于事无补，加之6世纪初北方造像所着宽博佛装受到南方影响的观点恰恰正是建立在这两宗资料之上，这便不能不使人产生疑问：所谓的褒衣博带式佛装，究竟率先兴起于南方还是北方，传承关系如何？窃以为，解决这些问题不仅有助于了解南京栖霞千佛崖二佛并坐像所着佛装之由来，即对探讨南北朝佛教艺术之发展亦有裨益。至于解决的途径，还需追本溯源，以佛教初传江南为考察原点。

吴主孙权立国之初，佛教并未流行于江南，时康僧会欲使道振江左，乃杖锡东游，于赤乌十年（公元248年）初达建邺（今南京），营立茅茨，设像行道。这大约是文献记载见于吴地最早的佛像。然而康僧会至建邺设像行道之前，在洛阳受业于支亮的译经者支谦，业已于“汉献末乱，避地于吴”，并被孙权拜为博士，甚加宠秩[②]。只是支谦作为一名居士，在吴地似乎更多承担了具研究性质的译经工作，而未如后来的康僧会那样专门从事传教活动，故其在吴地民间的影响似较僧会为小。纵使如此，则吴地初染大法，仍应是率先受到了来自中原北方的洛阳的影响。

与文献记载相呼应的是，公元3—4世纪初，中国早期佛像的衣饰风格，尽管南北之间存在着许多共性，但存在的载体却多有不同。其中，北方多为以光背、趺座、宝盖、飞天伎乐、胁侍及尊像主体组合在一起的供信徒礼拜用的金铜佛[③]。而同一历史时期，江南地区则罕见真正意义上的礼拜像，佛像造型更多是与神仙羽人及瑞兽一道，被民众用作装饰图纹，普遍见诸陶瓷器与铜镜及其他铜质容器乃至金饰上。更有甚者，以佛像作为香薰承足或贴塑于承接秽物的唾壶之上，几近亵渎。凡此种种，似可见

---

① 详见拙文《四川茂汶齐永明元年造像碑质展》，《四川文物》2001年第3期。

② 引自《高僧传》卷一《魏吴建业建初寺康僧会》。

③ 3世纪至4世纪初的北方单体金铜佛像，组合完整者甚少，目前所见只有时代为3世纪下半叶的泾川玉都像和石家庄北宋村像，其余诸像组合皆不完整，附属构件或佚失、或损毁，但相应部位均装置榫头，显示出与之相同的构造形态。

3世纪至4世纪初，江南民众之于佛像，仅是将其视作具有异域情调的装饰造型，与康僧会之流于吴地“营立茅茨，设像行道”的本意去之甚远。

因此，就3世纪至4世纪初南北佛像各自的载体与性质而言，以对佛教意义尚不甚明晓且缺乏足够信仰的南土民众，竟然会对在良好佛教传统及信仰氛围下而孕育出的北方佛像的装束有所影响，是难以想象的。另一方面，南方佛饰凡有纪年者，或据伴出器物形制等辅助依据而能推定大致时代的，皆为3世纪下半叶至4世纪初的产物。至少可证，佛陀在形象上为吴人接受确实是肇于康僧会于公元248年初抵建邺设像传道之后。而中国北方的佛像早在此前已经发展成熟。其中，禅定佛系从3世纪上半叶的通肩右皱式衣纹顺理成章地演化至3世纪下半叶的通肩U形皱[①]，更是极好地证明了北方早期佛陀造型渊源有自己的发展特征。此外，具体到背光的造型特征，也是一个较具说服力的例证。江浙地区吴、西晋墓出土的佛饰，普遍附有葫芦形光背，这与3世纪下半叶北方制作的金铜佛像普遍具备的以较小的圆形头光同较大的圆形身光组合在一起的光背造型非常相似。值得注意的是，类似的背光形制早在3世纪上半叶的北方金铜佛中已经出现。

由此可见，早期北方佛造像所附光背与造像主体一样，自有其发展的序列，流变的痕迹更是历历可辨。南方则由于对佛教接受较迟这一先天不足，对佛陀造型的塑造还缺乏相对完善的序列关系。因而不可否认，早期南方普遍用于器物装饰的佛造像，只可能是对外来艺术形象的移植和照搬。而这一外来艺术形象的原型，一方面固然可能是康僧会由扶南或交趾一带携来，但另一方面，考虑到东汉中晚期全国中心洛阳地区佛教的兴盛，以及来自洛阳的安清[②]、支谦分别早在汉灵帝末年及汉献帝时避乱于吴地，并颇受吴主孙权为代表的土著豪族器重之情形。不难想见，在3世纪下半叶至4世纪初，南方佛饰的兴起更多可能还是受到了中国北方佛造像艺术的深刻影响，这应是北方造像风格影响南方之始。

在紧接而下的东晋十六国时期，北方佛造像实物仍有相当数量的发

① 李静杰：《早期金铜佛的谱系研究》，《考古》1995年第5期。

② 安清“游化中国，宣经事毕，值灵帝之末，关雒扰乱，乃振锡江南”。语出《高僧传》卷一《汉雒阳安清》。

现，且风格秉承了先前的特点。南方民众则摒弃了在日用器皿及明器上装饰佛像的种种不敬的行为，同时也自行制出了真正具有观瞻礼拜功用的佛教造像。尽管东晋真正意义上的佛造像迄今尚未发现，但《高僧传》卷一三《慧达传》中所记丹阳尹高悝的感应事迹，对于捉摸东晋佛造像的风格特征仍颇有助益，今引其原文如下："昔晋咸和中，丹阳尹高悝于张侯桥浦里得一金像，无有光趺，而制作甚工……后有西域五僧诣悝云，昔于天竺得阿育王像，至邺遭乱，藏置河边。五路即通，寻觅失所，近得梦云：像已出江东，为高悝所得。"其所述虽迹近荒诞，但至少提供了这一历史时期佛造像艺术的传播线索，从中分明透露出东晋时期北方邺都造像对建康产生过的影响。故东晋佛造像或有发现，想必亦与同一时期北方造像的风格特征相近而后可。

刘宋时期，精铼三藏、为北土学者之宗的辽西海阳人僧诠，"先于黄龙国[①]造丈六金像，入吴又造人中金像，置于虎丘山之东寺"[②]。甚而晚至梁晋安王萧纲《上菩提树启》亦有"伏以器表承露，东阿荐铭。瑞肩黄龙，中山兴颂"之语[③]。复以实物验之，宋元嘉十四年（公元437年）韩谦造像、元嘉二十八年（公元451年）刘国之造弥勒像及元嘉二十五年（公元448年）晋丰县□熊造像，在衣纹及装饰上，与较其早出、相当于刘宋初叶的北方大夏胜光二年（公元429年）施文造像全然一致。综此，则文献与实物皆充分证实，东晋、刘宋时北方造像仪制和轨范依旧持续对南方施加影响。约在5世纪中叶，受犍陀罗艺术斜披袈裟佛像的影响，北方造像兴起了右袒半披式僧衣，类似佛装在南土造像中仅见署记梁"天监二年"款一例[④]，按此虽未必南土佛像着此种僧衣之始，但足证中原北方造像的右袒半披式新服制仍远播南土之史实。

据以上述，已可认定，自3世纪下半叶至6世纪初的南方佛教造像艺术，根本是在中原北方的影响下发展起来的，而且流传源点比较集中，大

---

① 据《宋书》卷九七《高句骊国》："先是，鲜卑慕容宝治中山，为索虏所破，东走黄龙。义熙初，宝弟熙为其下冯跋所杀，跋自立为主，自号燕王，以其治黄龙城，故谓之黄龙国。"其故址在今辽宁朝阳。

② 参见《高僧传》卷七《宋余杭方显寺诠》。

③ 引自《广弘明集》卷一五《上菩提树颂启》，上海古籍出版社，1991年影印本，第211页。

④ 参见大村西崖《支那美术史雕塑篇》第431图，（日本）佛书刊行会图像部，大正四年（公元1915年）。

抵不出洛阳与更北的邺城、黄龙等地，皆为中原北方佛法隆盛之地。从大的方面着眼，这一格局是由于南统佛教尚译经、重义理与北统佛教倡德业、重禅观之分途而成，因而南方佛造像艺术受北方影响，是有其历史必然性的。据此可以推知，类如南京栖霞山千佛崖二佛并坐像所着胸前结带、衣襞长垂的褒衣博带式僧衣，也可能是最早见诸北方，而后流布南方的。

就佛装类型与发展的序列而言，内衣在胸前结带下垂且衣襞覆坛的宽博佛装，显系由衣襞平铺坛上的广袖宽博大衣发展而来，两者的承递关系显而易见。而临朐太和九年（公元485年）李旷造像外着双领下垂、尚未结带的袈裟服制，于此种汉化甚著的宽博僧装更有导源于先之功，且李旷造像双领部位的"之"字纹样也明显源于中原北方的袒右半披式佛装。这样，一条由袒右半披至褒衣博带佛装的发展线索，就通过李旷造像而被有机地串联起来，又由于青徐地区早在469年已经入魏，更无可争议地揭示出这一流变过程是在北方完成的，而在南方却未发现这一流变演化的丝毫痕迹。故而有理由相信，包括千佛崖释迦、多宝二佛在内的南朝中晚期造像胸前结带下垂、衣襞覆坛僧衣，率皆北方造像新服制南传使成。

三、栖霞千佛崖二佛并坐像佛装之成因

南京栖霞山千佛崖起始龛——三圣殿无量寿禅定像并胁侍的观世音、大势至二菩萨之雕塑，乃出自"淮北陷虏，乃南渡江"的宋、齐间高士明僧绍之规划，并由其子临沂令明仲璋与"少出家，游学北上"的黄龙僧人法度于永明二年（公元484年）之后经营雕竣。而法度禅师又即此旧基，更兴新制，雕造包括并坐二佛在内的十余龛尊像。当其时，齐皇室贵胄文惠王子南萧长懋、豫章王萧嶷、竟陵王萧子良、始安王萧遥光等，皆各舍泉贝，共襄盛举。

上述身与其事的主要人物，法度卒于南齐永元二年（公元500年）[1]，其余诸人皆殁于法度之前。据以推知，栖霞山千佛崖三圣殿及与之毗邻的由法度禅师即三圣殿旧基、更兴新制所雕造的十余龛尊像，皆竣工于南齐

---

① 法度卒年，载籍所见不一，慧皎《高僧传》卷八《齐琅琊摄山释法度》明确记为"齐永元二年（公元500年）卒于山中，春秋六十有四"。而严观《江宁金石记》卷一所录江总《金陵摄山栖霞寺碑》抄文则载："（法度）禅师自识终期，欣瞻瑞应，以建武四年（公元497年）于此寺顺寂。"

永元二年(公元500年)之前。而这一时段,正值南方造像旧有的通肩紧裹式僧衣犹存与中原北方袒右半披式新服制南渐之交,且以明僧绍及法度之来历,知南京栖霞山千佛崖龛像之规划、设计、兴工等,宜皆饱含北方因素。揆诸《明征君碑》"……沙门法度……即此旧基,更兴新制,又造尊像十有余龛"之语,似无量寿大像龛之开凿,尚循旧惯,而与之毗邻的十余龛像,或已更新为经云冈之一、二期龛像所强化之右袒半披式服制。但新见千佛崖并坐二佛造像所着汉化甚著且时代偏晚的佛装式样,显然难与千佛崖上述诸龛落成之时代背景对应。究其原委,笔者以为,或与梁临川王萧宏曾经加以莹饰有关。据江总撰《金陵摄山栖霞寺碑》所记,栖霞千佛崖诸龛落成后,梁临川王萧宏"见此山制置疎阔,功用稀少",犹觉不足,遂延邀"僧祐经始并准画仪则,以天监十年爰撤帑藏,复加莹饰。馈以丹青,镂之铣镜,五分照发,千轮启焕"。

栖霞千佛崖龛像经临川王萧宏莹饰事,前辈学者虽曾述及,似仍未予以足够重视。就"莹饰"而言,"馈以丹青"或可当之,而"镂之铣镜"且事先延邀"为性巧思,能目准心计"的禅门栋梁僧祐为之规划设计,恐实已出于改制,断非"莹饰"云云所能涵括的了。

公元3世纪至6世纪的南方,出于礼奉功能之考虑而创新、改制佛造像,并非无例可循。如东晋时期著名的雕塑艺术家戴逵之子戴颙就曾鑢减京师建康瓦官寺金铜造像的臂胛,使得造像"面相自满";道安也曾炉冶襄阳檀溪寺外国铜像,以"称其髻形"。凡此种种,不一而足[①]。而同为南朝龛像遗迹的浙江剡溪石城山弥勒像(今新昌宝相寺内龛像),亦经改制使成,据《高僧传》卷一三《释僧护》载,此剡城石佛,初由比丘僧护于"齐建武中招结道俗,初就雕翦,疏凿移平,仅成面朴……后有沙门僧淑纂袭遗功,而资力莫由,未获成遂"。这里值得引起注意的是,僧护造像虽"初就雕翦",且"仅成面朴",但毕竟已初具形象,又据《会稽掇英总集》卷一六所

① 戴颙改制建康瓦官寺铜像,为中国古代雕塑艺术创作观念进化的重要标志,见《高僧传》卷一三《慧力传》:"(瓦官寺)有戴安道所制五像及戴颙所治丈六金像,昔铸像初成,而面首殊瘦,诸公无如之何,乃迎颙看之。曰:'非面瘦也,乃臂胛肥耳。'即鑢减臂胛,而面相自满,诸工无不叹息。"又,道安改制襄阳檀溪寺造像,事见《高僧传》卷五《道安传》:"(襄阳檀溪寺)有外国铜像,形制古异,时众不甚恭重。安曰:'像形相致佳,但髻形未称。'令弟子炉冶其髻,既而光焰焕炳,耀满一堂……安曰:'像既灵异,不烦复治。'乃止。"

录刘勰撰《梁建安王造剡山石城寺石像碑》，比丘僧淑之纂修亦“劬劳招奖，夙夜匪懈”，较僧护之德业又趋完满。梁天监十二年(公元513年)，建安王萧伟抽舍金贝并敕定林上寺僧祐经营剡溪石城山造像。由于“初护公所镌，失在浮浅，乃铲入五丈，改造顶髻……十有五年龙集群滩，三月十五日妆画完毕”。要之，以僧护凿窟过浅“乃铲入五丈”，固由于王室力量介入使欲成“命世之壮观，旷世之鸿作”，具体到“改造顶髻”，则显系僧祐顺应时代风格之发展而对僧护原作的改制了。

南京栖霞山千佛崖之经营情形，颇与剡溪石城山大石佛工程相近似。两地龛像之规划，皆始于高僧或与高僧关系密切的居士大德，而改制皆以“为性巧思，能目准心计”的禅门栋梁僧祐专任像事，并恃王室赞助以成。从剡溪石城山龛像的雕镌完工过程可以看出，执事主体的更易，是造成龛像规制反差悬殊的重要因素。具体而言，建安王萧伟“倾邸散金”并得到朝廷支持的改制，其影响力之巨大，较以僧护“克勤心力，允集劝助”积年的规划初创，以及僧淑“劬劳招奖，夙夜匪懈”但却“资力莫由”的纂修厥绪，全然不可同日而语。临川王萧宏夙为梁武帝萧衍诸兄弟中居官最高、资财最厚者，故其“爰撤帑藏”以助南京栖霞山千佛崖改制之力，固不逊于建安王萧伟改制剡溪石城山龛像之投入。又，萧宏主持改制千佛崖过程之初，中原北方褒衣博带式僧衣发展日趋成熟，而始凿于6世纪初际、由北魏皇室倾力赞助的龙门宾阳中洞主尊，业已更服衣襞垂覆坛座的宽博僧衣。正如南京栖霞千佛崖开凿之初的穹窿顶、椭圆平面的较大窟龛，皆沿袭云冈石窟早期摹拟草庐的形制一样，中原北方在造像服制上如此巨大的改革，不可能不对萧宏改制千佛崖产生巨大的影响，这可能即是南京栖霞山千佛崖二佛并坐像著以衣襞覆坛之僧衣的成因。又据僧祐《出三藏记集》卷一二《法苑杂续原始集·杂图像目》下卷录有《太尉临川王成就摄山龛大石佛记》，庶知与此二佛并坐像毗邻的三圣殿内所镌无量寿像，尤为萧宏改制之主体，今此像周身虽遭水泥涂缮，但其衣襞覆坛、下摆多平行密褶并呈明显八字形外撇的形制，仍与释迦、多宝并坐二佛服制相属，可证其近代为水泥涂缮亦系据原像旧有衣纹施作。

又，萧宏“莹饰”南京栖霞山千佛崖之起因，乃出于“此山制置疎阔，功用稀少”，而千佛崖现存作穹窿顶、椭圆形平面的大中型南朝窟龛之间的壁面上,尚分布有不少属“见缝插针”开凿的小型龛窟,其窟外崖面均经修整,窟门处凿成内凹形方框或圆拱形框。此种形制的小型龛窟,以孤悬于千佛崖三圣殿左上位置的小龛为代表,此龛在开凿之际经细致修整,其龛外半圆形阑额上,尚浮雕有类如南朝大中型墓葬石门阑额上习见的仿木“人”字形拱(叉手),龛外壁面尚存梁中大通二年(公元530年)开凿暨工匠凌长族的题刻,可证其出自南朝中晚期雕造无疑。因此,上述与之规制类似的小龛可能多是萧宏改制千佛崖时以“此山制置疎阔,功用稀少”而一并开凿。

第三节 南京栖霞山千佛崖三壁三龛窟试析

位于南京市区东北约22公里的南京栖霞山千佛崖石窟的开凿,肇始于南齐高士明僧绍与法度禅师之规划,并由明僧绍之子、临沂令明仲璋与法度禅师最先于西峰石壁镌造无量寿佛并观世音、大势至二菩萨巨像,合称“西方三圣”,亦即今“三圣殿”内诸像。据唐代《明征君碑》记载,值“三圣殿”内诸像完工后,法度禅师复“即此旧基,更兴新制,又造尊像十有余龛”[①],遂初步奠定了南朝时期千佛崖窟像的规模与格局。而通常认为,法度“又造尊像十有余龛”,即以今“三圣殿”为中心、包括窟龛亦仿草庐形制的“三圣殿”东侧接地诸龛像与“三圣殿”西侧接地的二佛并坐龛像在内。有唐以降,寺僧复于千佛崖南朝诸窟西北,依山势之逶迤,大兴土石,开龛造像。所开凿者多系中、小型组窟及千佛龛,数量既多且大小错落,点缀石崖间,远望如蜂房鸽舍。

1925年12月,有向达、郑鹤声等学者从镇江便道至南京,用一天时间调查了栖霞千佛崖石窟及傍近于南唐重建的舍利塔,初步统计窟龛数量为294个、造像共515身[②],可见所谓“千佛崖”之说,不过是民间虚拟的说法而已。解放后,文博部门对栖霞千佛崖龛像又进行了几次统计核查,尽管由于零散窟龛的陆续新发现,以至统计结果未尽一致,但与向达等人早

① 参见南京市博物馆编:《唐明征君碑》,文物出版社,1980年版。

② 向达:《摄山佛教石刻小记》《补记》,载《唐代长安与西域文明》,三联书店,1957年版,第443—494页。

图24 栖霞山千佛崖局部

年的统计数字出入不大。故栖霞千佛崖石窟虽为我国南方现存时代最早且开凿延续时间最长的石窟遗迹，但就其数量与规模而言，委实难与中原北方诸大型石窟相匹。

尽管南京栖霞山千佛崖规制有限，但凡北朝流行的龛像题材，如弥勒、释迦多宝、三佛、七佛、千佛等内容，亦多有分布，于此可见栖霞千佛崖龛像在南朝的典型性与重要性。今在考古调查的基础上，对其中唯一以三佛为造像内容的南朝洞窟、即千佛崖三壁三龛窟试做分析。

一、栖霞山千佛崖南朝三壁三龛像的题材与造型

栖霞山千佛崖三壁三龛窟位于"三圣殿"之左（东侧），与三圣殿彼此尚间隔2座规模稍大的洞窟。此窟是一个主室近方形的单室窟，窟顶为弧度平缓的四隅券进式，与四壁连接处无明显分界线。窟门作圆拱形敞口，面向东南，现存明代补砌的砖石门壁。紧贴窟口明代补砌砖石门壁外的南北两侧，各置一力士像龛，龛内的力士像立于圆莲座上，座饰双重覆莲，莲瓣宝装，惜其周身于民国时遭寺僧用水泥修缮，原有形貌与衣纹浸失无遗。

窟内主室地面呈方形，其西侧长2.44米，东侧长2.34米，南、北侧各长

2.38米。窟内西、北、南三壁凿通壁大龛，各龛平面均略呈横椭圆形，龛敞口，前沿平直，宽与主室同，壁面弧拱，顶为穹窿形。龛内通龛设高坛，坛上设带叠涩的方形高座，座高0.85—0.78米，下枋宽1.72—1.35米，束腰宽1.25—1.20米。后部两侧贴壁设圆形莲座。其中，在正壁（西壁）坛基前两侧地面分别向下凿出一个直径约0.28—0.36米的不规则形圆洞，而与两侧圆洞相对应的龛壁上雕饰有束莲纹样，庶可推知正壁窟龛两侧可能曾植立木柱，以承托壁面上的浅浮雕束莲。洞窟高3.42米、宽4.04米、进深约3.07米。

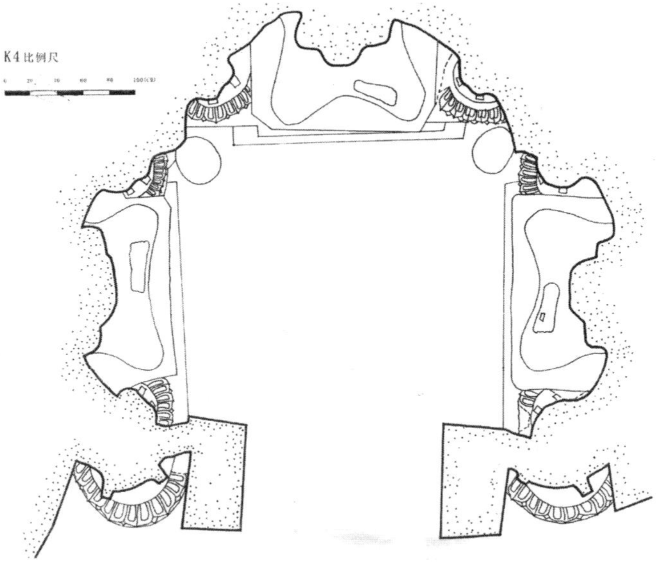

图25　栖霞山千佛崖三壁三龛平面图

洞窟内的造像题材为三壁三佛。以佛像为中心，每壁单独成铺，形成一佛二菩萨的一铺三身组合。三佛皆坐于叠涩的方形高坛座上，二菩萨均立于坛座两侧贴壁所设的圆形莲座上。

三佛头部均残失，结跏趺坐，右足外露，足掌向上。其中北壁（左壁）佛足掌近趾处凿一长0.03米、宽0.01米、深约0.025米的孔洞。南壁（右壁）坐佛左掌在下、右掌在上，两掌相迭，与足平行，作禅定印。正壁、北壁（左壁）二佛的手皆残失，然据其姿态犹可推知当与南壁坐佛同作禅定印。其中，正壁主尊龛像自颈至坛面坐高1.02米，左菩萨像自颈至圆莲座立高0.93米，右菩萨像自颈至圆莲座立高0.87米。

坐佛均着轻薄宽绰的大衣，衣纹断面作直平阶梯式。上身衣缘长垂于胸前，内露僧祇支。下身衣摆垂覆坛座，覆坛衣纹计3层，略呈水平状展开，并纵向作三分即倒“山”字形垂覆于坛座前，均呈现出规则的多道竖直褶皱，下端卷作圆涡状，显得繁复而有层次。

在正壁坐佛后的洞窟壁面，用浅浮雕的手法雕出宽绰高大的舟形身光和中心雕饰莲花的圆形头光。背光素面无饰，作尖桃形，顶端尖锐，直至窟顶。头光内外共分3层，内层浅浮雕双垂莲瓣纹，莲瓣形态丰满，瓣尖起翘，直径0.68米；中层平素无纹，宽0.16米；外层减地素面雕出，宽0.10米。

图26　南京栖霞山千佛崖三壁三龛像

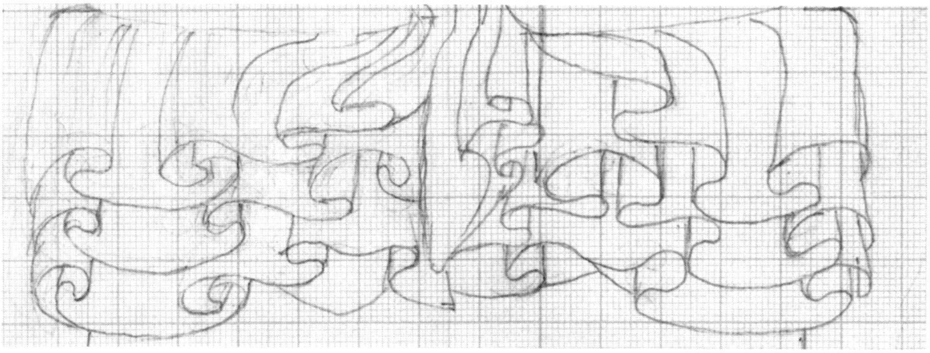

图27　栖霞山千佛崖三壁三龛尊像衣襞纹样

二、新出《江总碑》对于千佛崖南朝龛像开凿的验证

前文述及，栖霞山千佛崖的开凿，以南齐高士明僧绍之子明仲璋与法度禅师于西峰石壁镌造无量寿佛并观世音、大势至二菩萨巨像即今“三圣殿”内诸像为起始，此即陈祯明二年（公元588年）名臣由江总撰写《摄山栖霞寺碑铭》（以下简称《江总碑》）所述“居士（指明僧绍）有怀创造，俄而物故。其第二子仲璋为临沂令，克荷先业，庄严龛像，首于西峰石壁与（法）度禅师镌造无量寿佛，坐身三丈一尺五寸，通坐四丈；并二菩萨，倚高三丈三寸”[①]。2002年，南京栖霞寺三圣殿前新出土了陈《江总碑》原石[②]，碑石虽残损不全，难窥全豹，但对于校订传世的《江总碑》文本乃至探讨南京栖霞寺的肇建仍然具有不可替代的重要价值[③]，弥足珍贵。特别是该碑的碑阴还记录了南朝齐、梁、陈三朝相继在南京栖霞山千佛崖开凿、妆銮石窟造像的相关账目，颇有助于探究现存栖霞山千佛崖南朝龛像的年代与规制，摭之于下：

■
□□□□□法身坐高三丈一尺五寸，通坐四丈，含髻头长八尺五寸，■
□□□□□手长六尺九寸，两膝相去二丈五寸，并二菩萨立高三丈■
□□□□造，　齐文惠太子随憙，　齐豫章献王随憙，　齐竟陵文宣■
□□□□朱明宝等十五人，　大匠左亮之、□国宝　　涞匠建元■
□□像身坐高八尺九寸，　　齐雍州刺史王奂为巴陵王造。■
□沂令明仲璋造。　　　　东第三龛，像身坐高七尺九寸，■
勒下生龛，像身高一丈四尺，　宋太宰内霍夫人造，未成。齐竟陵■
卫迦叶龛，二像坐身并高五尺四寸，　　梁东阳州刺史番禺■

① （陈）江总：《摄山栖霞寺碑铭》，碑文存录于（明）葛寅亮撰、何孝荣点校：《金陵梵刹志》卷四《摄山栖霞寺》，天津人民出版社，2007年版，第180页。

② 新出土江总撰《摄山栖霞寺碑铭》残石现存南京市博物馆。

③ 如碑文在涉及南京栖霞寺的肇建方面，明确记载“此寺永明七年正月三日度上人”所建，据此可知传世《江总碑》文本在“此寺永明七年正月三日度上人”前后的“居士（明僧绍）遂舍本宅欲成……即齐”10个字系衍文。据《高僧传·卷八》所述：“高士齐郡明僧绍，……及亡，舍所居山为栖霞精舍，请（法）度居之。”清初张怡撰《摄山志略》已考证出白云庵即是明徵君旧宅——栖霞精舍，位于栖霞山中峰涧的清代行宫遗址处。也就是说，衍文将栖霞精舍与栖霞寺混为一谈，给人造成了明僧绍舍宅为栖霞寺的假象。

太建十一年，皇太子、　　　　东宫学士傅纬等重庄饬无量■

□□□□□□□□至德二年，吏部尚书江总率化众缘，重庄饬■

图28　南朝陈《江总碑》

新出《江总碑》现存碑阴残文第1—4行，所涉均与千佛崖“三圣殿”的开凿有关，包括了三个方面的内容：其一为“三圣殿”内雕凿的无量寿佛与观世音、大势至二菩萨像的具体尺寸，如“法身坐高三丈一尺五寸，通坐四丈……并二菩萨立高三丈……”云云，不仅与见诸《江总碑》正文的“三圣殿”内诸造像的相关数据吻合，而且主尊无量寿佛“含髻头长八尺五寸……手长六尺九寸，两膝相去二丈五寸”等细部的数据，更是可资补益史载。

其二为开凿“三圣殿”的施主，如齐文惠太子萧长懋、豫章文献王萧嶷、竟陵文宣王萧子良，后面的缺文至少还应包括《江总碑》正文提及的与萧长懋、萧嶷、萧子良“慧心开发，信力明悟，各舍泉贝，共成福业”的始安王萧遥光。

其三为具体承担“三圣殿”内一佛二菩萨巨像塑造雕凿的匠师，即“大匠左亮之、□国宝”等。中国早期美术作品的作者往往失载，南京栖霞山千佛崖“三圣殿”内的“西方三圣”——南朝无量寿佛并观世音、大势至二菩萨大型石雕，可谓中国美术史上的赫赫巨迹，讵意其主要作者竟赖此新出《江总碑》碑阴残文而得以昭白，对于丰富、完善中国美术史而言无疑具有重要意义。此外，介于萧长懋、萧嶷、萧子良等施主与“大匠左亮之、□国宝”之前，尚可辨“朱明宝等十五人”字迹若干，则此“朱明宝等十五人”既可能是施主，也可能是与匠师身份近同的力役者流。

《江总碑》现存碑阴残文自第5—7行，又依次记述了齐雍州刺史王奂为巴陵王所造龛、像，曾参与规划、开凿“三圣殿”的明僧绍子临沂令明仲璋所造龛、像，施主因碑石残缺不得而知的东第三龛、像，宋太宰内霍夫人即《江总碑》正文所谓“宋太宰江夏王霍姬”[①]施造未成、而由齐竟陵文宣王萧子良续成的弥勒下生龛、像。而从所谓“东第三龛”标示的次第与方位来看，这一组以“三圣殿”为起点的窟龛应位于“三圣殿”东侧。其中，“齐雍州刺史王奂为巴陵王造”龛，应即是与“三圣殿”毗邻的东第一龛，该洞窟主尊坐佛尽管上身残断，仅存腿部以下，但加上与后壁头光之间的垂直距离，大致可推算得出原像坐高2.03米，与碑记“像身坐高八尺九寸”约合2.07米的记载大体相合。这样来看的话，“(临)沂令明仲璋造”龛应即是东第二龛；而本文主要讨论的千佛崖三壁三龛窟，即是施主因碑石残缺不得而知的东第三龛；宋太宰内霍夫人施造未成、而由齐竟陵文宣王萧子良续成的弥勒下生龛，应即叠压于东第三龛与明仲璋施造东第二龛之上的较大窟龛，龛内的主尊为坛座前设半圆形莲踏的倚坐佛，惜损毁严重并遭寺僧用水泥修缮，原貌浸失。

至于《江总碑》现存碑阴残文第8行述及的由“梁东阳州刺史番禺某”施造、“坐身并高五尺四寸”的“……卫迦叶龛二像”，很明显说的应即是“三圣殿”西侧毗邻、在栖霞山千佛崖唯一取材于《法华经》的二佛并坐龛像。值得一提的是，宿白先生早先根据文献记载并结合实地勘察，曾认为

① 据《江总碑》正文：“宋太宰江夏王霍姬蕃闺内德、齐雍州刺史王奂方牧贵臣，深晓正见，妙识来果，并于此岩阿广抽财施，琢磨巨石，影拟法身。”

此二佛并坐龛像的规制仅次于毗邻的“三圣殿”，且两龛形制与主尊大衣垂下的衣襞亦复相似，可知两龛开凿时间亦相距不远，并疑其或即“沙门法度……即此旧基，更兴新制，又造尊像十有余龛”中之一。鉴于法度卒于南齐建武四年（公元497年）或永元二年（公元500年），故宿白先生显然是将此二佛并坐龛像与“三圣殿”内诸像同样视作南齐遗存的[①]。嗣后，林蔚女士又借助龛像表面附着水泥脱落后的“新发现”，强化了宿白先生对南京栖霞山千佛崖二佛并坐龛像开凿年代不晚于南齐建武四年（公元497年）或永元二年（公元500年）的认识[②]。但笔者却在类型学分析的基础上，对现存的并坐二佛造像明显偏晚的造型风格能否上溯到南齐时期深表怀疑，并撰文认为：栖霞山二佛并坐龛像即便如前辈学者推断的那样始创于南齐，但其服制与所施手印以及诸如背光之类的装饰，亦必在萧梁时期经历了近乎焕然一新的改制[③]。而经新出土《江总碑》碑阴残文确证，庶几可知，笔者昔年关于栖霞山千佛崖二佛并坐龛像具有显著萧梁风格的推断，是经得起检验的。

由于南朝齐、梁之际，恰值中原北方的佛教造像艺术发生巨变的关键时期，因此对于南京栖霞山千佛崖南朝龛像年代的判定，也就不仅仅是孰早孰晚这样一个近乎概念化的议题，还牵涉到佛教造像的造型暨装饰艺术的源流与传播。具体到现存“三圣殿”东第三龛像暨三壁三龛像也是如此，尽管有新出《江总碑》碑阴残文可资佐证东第三龛为南齐始创，但仍然不无进一步讨论的余地。

三、千佛崖南朝三壁三龛像的成因

石窟中三佛题材的肇兴，实有其深刻的历史根源。

北魏太武帝灭佛，使北方佛教遭到沉重打击。故文成帝恢复佛法时，昙曜等佛教徒为巩固自身地位，一面标榜皇帝即当今如来，以取悦统治者，又针对太武帝毁佛之际诬言“胡本无佛”的诘难，于云冈译场选译有关

① 宿白：《南朝龛像遗迹初探》，《考古学报》1989年第4期。收入《中国石窟寺研究》，文物出版社，1996年，第176—199页。

② 林蔚：《栖霞山千佛崖第13窟的新发现》，《文物》1996年第4期。

③ 邵磊：《南京栖霞山千佛崖释迦多宝并坐像析》，《南方文物》2000年第3期。

三世佛的经典如《付法藏因缘经》等，大力宣扬“释迦前有六佛（过去佛），释迦继六佛而成道，处今贤劫（当今佛），文言将来有弥勒佛（未来佛），方继释迦而降世”（《魏书·释老志》语）。意在昭示佛教源远流长，遂致以释迦牟尼为中心的三世佛组合迅速发展成为风靡一时的崇拜偶像[①]。

《付法藏因缘经》系吉迦夜与昙曜于北魏延兴六年（公元476年）译出，其译笔受人，即曾羁留魏都平城、复于齐永明四年（公元486年）南逃京师建康的刘孝标[②]。刘孝标南逃建康之际，正当栖霞千佛崖石窟开凿之初。故较早出现于云冈第一、二期窟龛的三世佛题材及造像图样，经由刘孝标之中介南传建康，固然是存在着理论上的可能性的。然而，从窟龛形制及造像样式等方面入手作进一步考察，却发现栖霞千佛崖东第三龛像暨三壁三龛像的成因并非如此简单。

就尊像布置而言，云冈一、二期洞窟凡表现三世佛题材的，如著名的“昙曜五窟”中的17、18、19、20诸窟，皆为在洞窟正壁雕中尊佛像，两侧各自雕造形体略次于中尊的佛像，其洞窟形制多为平面呈横椭圆形的单室穹窿顶窟。至魏孝文帝迁洛后，始渐发展为后、左、右三壁向外微凸的三壁三龛窟，三龛内各置一佛。北魏晚期，三壁三龛窟的三龛向外弧凸的程度更为显著[③]。北魏分裂后，统治者对佛教好恶无定，及至北周再度灭佛。在此种历史背景下，三佛题材愈为佛教徒倡导，历久不衰。总之，中原北方的三壁三龛窟在形制上由单室三佛——三龛三佛的流变序列清晰分明，而由三壁三龛窟在中原北方广泛分布的状况而言，不难看出这种窟龛形制深为中原北方佛教徒们所喜闻乐见的情形。

栖霞千佛崖东第三龛通壁开浅龛的三壁三龛样式，与北魏迁洛后的云冈第三期及龙门早期三佛窟的关系显然十分密切，而与云冈一、二期单室三佛的形制则全无相似之处。尽管栖霞千佛崖东第三龛始创于南齐固无可疑，但其明显滞后的通壁三龛的窟龛形制却颇令人费解。倘囿于“栖霞山开窟造像，在接受云冈早期洞窟的某些因素形成自身特色的同时，又将自身的某些因素反馈于北方，深深影响了云冈中晚期及龙门北朝

① 刘慧达：《北魏石窟中的“三佛”》，《考古学报》1958年第4期。
② 陈垣：《云冈石窟寺之译经与刘孝标》，《陈垣学术论文集》第1集，中华书局，1980年版，第443—448页。
③ 刘慧达：《北魏石窟中的“三佛”》，《考古学报》1958年第4期。

诸窟”[1]的观点，那么便不难得出云冈、龙门北魏时期的三壁三龛窟是受到栖霞影响而出现的论断，但这只能是无视三佛题材出现的历史根源、流行的时代背景乃至在中原北方的发展序列自成体系所得出的结果。

根据实地调查可以发现，“三圣殿”东、西两侧接地的南朝洞窟，彼此的间距通常是一定的，大率皆维持在0.6米左右，如“三圣殿”距西侧的“……卫迦叶龛二像”即二佛并坐龛、“三圣殿”距东侧的“齐雍州刺史王奂为巴陵王造”东第一龛、东第一龛距“临沂令明仲璋造”东第二龛等，莫不如此，庶可见栖霞山千佛崖诸南齐龛像在开凿之初或次第开凿之际，曾有所经营规划。在这一认识前提下，东第三龛左侧尊像后壁与毗邻窟龛右壁之间壁面之稀薄异常、且局部业已在锤凿斧劈的开凿过程中不慎贯穿的不寻常情形，就非常让人感到诧异了。毕竟，这两座相邻的窟龛均接地开凿，本身占据着千佛崖的最佳位置，更兼开凿之初崖壁尚开阔，在规划设计窟形时本无掣肘顾忌，应不至出现这种因体积计算不足而显得逼仄以至“破壁穿墙”的情形，故笔者颇疑“三圣殿”东第三龛内原本仅雕造了位于正壁的一佛二菩萨组合的一铺三身像，甚至可能仅仅是只有后壁主尊的一铺一身像，三佛题材并非南齐最初开凿此窟时的施主的本意。

而前引《江总碑》碑阴残文记述“三圣殿”东第三龛时，仅仅提及“像身坐高七尺九寸”，其表述形式与仅有单一主尊坐佛的“齐雍州刺史王奂为巴陵王造”东第一龛暨宋太宰内霍夫人施造未成、而由齐竟陵文宣王萧子良续成的弥勒下生龛完全相同，同文在述及二佛并坐的“……卫迦叶龛”内的造像时，则起首便开宗明义地标明，系“二像坐身并高五尺四寸”，这也可证，如果东第三龛内最初雕造的确是三佛这样独特的题材，就没有理由不在记录造像尺寸伊始之际便予以标明。另据《江总碑》记载：“梁太尉临川靖惠王道契真如，心宏檀蜜，见此山制置疏阔，功用稀少，以天监十年（公元511年）八月爰撤帑藏，复加莹饰。馈以丹青，镂之铣锐，五分照发，千轮启焕。”可知栖霞千佛崖窟、像竣工后，又曾在梁天监十年予以丹青莹饰暨“镂之铣锐”的改制。而《江总碑》碑阴残文更是记载了栖霞山南齐龛像在南朝陈太建十一年（公元579年）与至德二年（公元584年）历经皇太

① 林蔚：《栖霞山千佛崖第13窟的新发现》，《文物》1996年第4期。

子、东宫学士傅纬、吏部尚书江总重庄修饰之种种经历，此固可见，对栖霞山千佛崖龛像的改制、妆銮，即便在梁天监十年以至陈朝的不足80年间，至少已有不下3次之多。因此，千佛崖东第三龛内现存的左右二龛及龛内尊像也极可能都系梁陈及其以后改制千佛崖龛像之际打破原有壁面补凿而出，而在改制之际打破原有格局造成“破壁穿墙”之误，也就不是不能理解之事了。

参考文献

(齐)谢赫、(陈)姚最撰:《古画品录、续画品录》,人民美术出版社,1959年版。

(唐)张彦远撰:《历代名画记》,人民出版社,1963年版。

(梁)萧子显撰:《南齐书》,中华书局,1972年版。

(梁)沈约撰:《宋书》,中华书局,1975年版。

(宋)欧阳修、宋祁撰:《新唐书》,中华书局,1975年版。

(唐)杜佑撰:《通典》,中华书局,1982年版。

(唐)释道宣撰:《广弘明集》,上海古籍出版社,1991年影印本。

(齐)谢赫撰:《古画品录》,学苑音像出版社,2004年版。

(明)葛寅亮撰:《金陵梵刹志》,天津人民出版社,2007年版。

《文渊阁四库全书》,上海人民出版社电子光盘版。

张璜撰:《梁代陵墓考》,上海土山湾书局,民国十九年(1930)铅印本。

朱希祖、滕固撰:《六朝陵墓调查报告》,中央古物保管委员会,民国二十四年(1935)铅印本。

朱偰撰:《建康兰陵六朝陵墓图考》,商务印书馆,民国二十五年(1936)铅印本。

罗宗真撰:《六朝陵墓及其石刻》,《南京博物院集刊》,1979年版。

宗白华撰:《美学散步》,上海人民出版社,1981年版。

姚迁、古兵编:《南朝陵墓石刻》,文物出版社,1981年版。

林树中撰:《南朝陵墓雕刻》,人民美术出版社,1983年版。

刘敦桢编:《中国古代建筑史》,中国建筑工业出版社,1984年版。

苏绍兴撰:《两晋南朝的士族》,联经出版事业公司,1987年版。

于安澜编:《画品丛书》,上海人民美术出版社,1989年版。
金申著:《中国历代纪年佛像图典》,文物出版社,1994年版。
宿白撰:《中国石窟寺研究》收录的《南朝龛像遗迹初探》,文物出版社,1996年版。
杨泓、孙机撰:《寻常的精致》,辽宁教育出版社,1996年版。
罗宗强撰:《魏晋南北朝文学思想史》,中华书局,1996年版。
载氏著:《比较考古学随笔》,广西师范大学出版社,1997年版。
罗宗真撰:《魏晋南北朝文化》,学林出版社,2000年版。
陈绶祥撰:《魏晋南北朝绘画史》,人民美术出版社,2000年版。
汤用彤撰:《魏晋玄学论稿》,上海古籍出版社,2001年版。
李泽厚撰:《美的历程》,广西师范大学出版社,2001年版。
卢海鸣著:《六朝都城》,南京出版社,2002年版。
杨宽撰:《中国古代陵寝制度史研究》,上海人民出版社,2003年版。
王永平撰:《六朝江东世族之家风家学研究》,凤凰出版社,2003年版。
许辉、李天石撰:《六朝文化概论》,南京出版社,2004年版。
林树中撰:《六朝艺术》,南京出版社,2004年版。

[日]町田章著:《南齐帝陵考》,江苏古籍出版社,1986年版。
[日]冈村繁撰:《冈村繁全集》,上海古籍出版社,2002年版。
[日]曾布川宽著:《六朝帝陵——以石兽和砖画为中心》,南京出版社,2004年版。

后　记

2014年初夏，南京市政府根据“十二五”规划文化建设中提出的“传承创新、推动文化大发展大繁荣”的要求，出于充分挖掘、利用南京在历史名人资源方面的优势，彰显南京独特的历史名人文化，进而发挥文化引导社会、教育人民、推动发展的功能，增强民族凝聚力和创造力的目的，要求南京市文广新局及其下属单位在调查研究的基础上，提出切实可行的南京历史文化名人展示工作的实施方案。其时，正值我被调去新成立的南京市文化遗产保护研究所没几天，而起草《南京历史文化名人展示工作实施方案》的任务，不知怎么就这样转弯抹角地落在了我的头上。

我曾向顶头上司建议，既然经费都有着落，与其让我一个人“硬扛”，何妨请名教授领衔的学术团队来做，走当下通行的市场化运作的路子，这样便于问责，关系也顺，可是他也做不了主。抗争无果，我只好硬着头皮继续做下去。幸而10多年前我被借调南京市文物局工作期间，曾受局领导指示编制过《南京历代爱国名人》一书的出版计划，总算有一些微末的经验，尚不至于无从措手。

总之，经过了接下来大约两个星期没日没夜、披沙拣金的忙活，总算是按时交出了一本包括近400位待选的南京历史文化名人小传的征求意见稿。此后，在市委、市政府、市政协主要领导的关心与支持下，南京市文广新局就如何实施南京历史文化名人的弘扬与展示工作，召开了多次由市领导与南京大学、南京师范大学、南京博物院等专家学者参加的论证会，最终在集思广益式形成的共识的基础上，甄选出首批共79位在南京乃至国内外都有一定历史地位、在彰显南京历史文化方面具有一定代表性的南京历史文化名人，并确定了雕塑创作、遗址与博物馆建设、遗迹修缮、深度挖掘出版、文艺创作等5种展示方式。其中的深度挖掘出版，是指整理出版名人传记故事，主要针对其中20位虽有较大影响但又没有遗迹留存的南京历史文化名人，编纂出版《南京历史文化名人系列丛书》，每人一册。该项工作由南京市文广新局负责实施，但具体工作最终仍然无悬念地落在了我所在的南京市文化遗产保护研究所，确切地说是不出预料地落在了我一个人的头上。

考虑到社会影响并兼顾大多数人的接受程度，南京市文广新局与南京市博物总馆的主要领导提出了《南京历史文化名人系列丛书》的篇幅不宜长，而且编撰行文应言之有物，并符合雅俗共赏的要求。这样的体例要求当然是合宜的，不过另一方面似乎也决定了这种小书恐怕为“大家”不屑，所以约作者就成了让人头疼的事，好在我多年来也算积攒了一点人脉，关键时候南京大学历史学院胡阿祥等师友也伸出了援助之手，大部分作者总算陆续敲定，唯独《陆探微》一书的作者一直悬而未决，我曾先后约请了南京市博物馆副馆长杨英女士、南京博物院古代艺术研究所所长万新华先生来撰写，但两位都不约而同地表示陆探微资料太少，写一篇万字左右的文章尚属勉强，编成一本书则万万不成。此后，对古代书画素有研究的南京博物院欧阳宗俊研究员虽一度应允，但仅仅两天后便来电婉拒了约稿，主要理由仍然是资料不足的问题。由于《陆探微》的作者一时难以定夺，以至无法与出版社顺利签订这一套丛书的合同，眼看离上报市政府的第一批书稿出版的期限越来越近，大家都非常着急。为了不拖整套书的后腿，情急之下，馆所领导遂提出还是由我应急执笔完成此一书稿。

我早先对六朝美术史颇有兴趣，也写过一些这方面的文字，自忖如果结合考古发现的美术史迹编一本《陆探微传》的小册子，也不是不可以。但接手之后才意识到，由于自己手上的事繁杂无比，实在难有整块的时间来消化相关的资料。无奈之下，我只好另寻他途，找到了美术史专业出身、供职于南京民俗博物馆的施慧女士撰写了“陆探微绘画作品的思想内容”一章的初稿。2017年底，南京艺术学院艺术考古专业硕士郦英南分配到我部门工作，我向他提及正着手编写的《陆探微传》一书以及时间紧迫所遇到的种种困难。小郦年轻好学，对于六朝美术史同样有很浓厚的兴趣，当即表示愿意利用闲暇时间试写“陆探微生卒年与家族世系”“陆探微生平事略”“陆探微的绘画作品与风格”三章，并最终在不到2个月的时间内完成了初稿。因此,《陆探微传》一书最终能够顺利交稿,实有赖于施慧与郦英南两位同道的努力与付出。

陆探微作为南朝刘宋至萧齐时期夙负声誉的画家,唐代张彦远在《历代名画记》一书中曾著录了他70多种画作,可惜竟无一件作品流传下来。其实不仅是陆探微,与陆探微同被誉为六朝三大画家的另两人顾恺之、张僧繇,也莫不如是。至若唐代张怀瓘所谓"张(僧繇)得其肉,顾(恺之)得其神,陆(探微)得其骨"云云,未免令人徒兴瞽人摸象之叹。有鉴于此,我将自己近年来从考古学术史层面对陆探微时代留存至今的几种美术巨迹的思考,也一并收录在本书的第五章,冀望广大美术爱好者在感受、领略5至6世纪中国南方精美瑰丽的造型艺术的同时,亦能别具只眼地切入理性视角。

我还在上中学的时候,上海人民美术出版社曾出版过一套《中国画家丛书》,都是大家小书,每一本篇幅都不长,大多只有2万字左右,最长的可能当属周积寅教授所著的《董源、巨然》合册,也不过6万多字,可谓名副其实的"干货"。这套《中国画家丛书》,我陆续买了大概有20多本,其中如《戴逵》那一本,原价不足1元,而现在孔夫子网上早已非400元不售了。印象中,前述六朝"顾、陆、张"三大画家,在这套《中国画家丛书》中也只出了《顾恺之》与《张僧繇》两种,独缺陆探微的一册,从这个意义上来说,本书的付梓也可谓填补空白了。

邵磊记于冶城飞霞阁

2017年12月